Extradition Act 1999

新西兰引渡法

邱　陵/译

上海社会科学院出版社
SHANGHAI ACADEMY OF SOCIAL SCIENCES PRESS

中文版序

新西兰是一个环境宜人、资源丰富、生活舒适、法制健全、对外开放的国度,是许多外国人特别向往的地方,也是一些刑事案件的犯罪嫌疑人和被告人所选中的外逃主要目的地之一。一些在中国涉嫌经济犯罪或腐败犯罪的人员也把移民新西兰作为其犯罪计划的一部分或者目标之一,采用各种违法犯罪手段侵吞公共资金或骗取民众钱款,将这些犯罪所得通过洗钱的方式转移到新西兰,并凭借以这些非法资产形成的经济实力取得在新西兰的移民身份。

新西兰也是一个注重廉政的国家。在国际特赦组织(大赦国际)全球清廉指数排行榜中,除 2015 年外,新西兰自 2009 年至 2019 年始终保持着全球最清廉国家前三名的位置,其中 2016 年、2017 年和 2019 年在当年排行榜中得分最高。新西兰一直积极参与反腐败国际合作,在近几年我们开展的反腐败境外追逃追赃"天网"行动中,中国司法机关借助与新西兰主管机关的合作成功地将"百名红通人员"中的两名重要逃犯闫有明、蒋雷从新西兰追回,在国内对他们绳之以法,并且与新西兰执法机关密切配合,对其非法转移的资产予以追缴。

新西兰《1999 年引渡法》是新西兰对外开展反腐败国际合

作的重要法律工具。就引渡的基本条件和一般程序而言，新西兰引渡制度与大多数国家的引渡制度大体相似，遵循双重犯罪原则、政治犯罪例外原则、死刑不引渡原则等国际引渡合作的基本规则，并且对外国引渡请求实行行政-司法审查双重审查制。值得一提的是，新西兰对外国引渡请求的审查更为侧重司法审查，而且这种司法审查的范围相当广泛和全面。新西兰《1999年引渡法》所规定的司法审查实际上有两套程序，一套是专门的引渡案件司法审查程序，这套程序专业性比较强，主要是从引渡基本条件的角度进行审查；另一套则是刑事诉讼中普遍适用的“人身保护令”（writ of habeas corpus）程序，更加注重从人权保障的角度审查向外国移交被请求引渡人可能面临的风险，而且几乎可以在任何情况下启动，即便新西兰政府已经对被请求引渡人签发了引渡令。此外，新西兰对外国引渡请求的双重审查制不那么严格实行“一票否决制”。如果审理引渡案件的地区法院针对外国引渡请求作出不符合引渡条件的决定，相关的引渡请求不一定因此而被彻底否决，提出引渡请求的国家有权针对该决定向新西兰高等法院提出上诉。新西兰引渡制度的这些特点是在与其开展引渡合作时应当特别注意的。

新西兰引渡制度更倾向于英美法的模式，更偏重同那些与新西兰有着双边引渡条约关系的国家开展合作，但是，新西兰《1999年引渡法》基本上摒弃了英美法在引渡问题上的条约前置主义立场，允许在一定条件下与那些和新西兰尚未缔结双边引渡条约的国家开展引渡合作。虽然目前中国与新西兰尚未缔结双边引渡条约，但这并不构成妨碍新西兰向中国提供引渡合作的重大法律障碍，只要我们认真研究并且正确运用新西兰

《1999年引渡法》的相关规定，仍然存在从新西兰成功获得引渡合作的可能性。从这个意义上讲，新西兰《1999年引渡法》的中译本值得我国主管机关的办案人员和相关领域的研究人员认真研读，因而这部书的出版有着重要的学术和实践意义。

将新西兰《1999年引渡法》翻译成中文出版，这是我们G20反腐败追逃追赃研究中心与北京市监察委员会两年前共同作出的一项安排。当时北京市监察委员会办理的一起涉及新西兰的追逃追赃案件工作正处于博弈胶着状态，我们G20反腐败追逃追赃研究中心为这一工作提供力所能及的智库服务和支持。大家的基本思路是：深入研究新西兰的相关法律制度，开拓境外追逃追赃的各种法律途径，多管齐下，努力营造国际刑事合作的浓厚氛围。邱陵博士就是在这一时期调入我们研究中心担任专职研究员的。他凭借自己高度的法律专业水准、在检察院历练的实践能力以及良好的外语技能承担起翻译新西兰《1999年引渡法》的工作。

现在，北京市监察委员会办理的那起在新西兰追逃追赃的案件已经圆满告捷，邱陵博士翻译的新西兰《1999年引渡法》中文本即将正式出版，双喜皆至，不胜感慨，欣然运笔，特此为序。

黄　风

（G20反腐败追逃追赃研究中心主任、北京师范大学刑事法律科学研究院教授）

2020年4月27日

关于新西兰
《1999年引渡法》的译介

"引渡"(extradition)一词,从训诂学上考证,源于拉丁文短语extra tradere,意为"向外遣送"。在两千多年前的罗马法中,也存在一个类似的短语,即noxae deditio,意思是"损害投偿",通常是指家父将犯了罪的家子移交给受害者所述的共同体,任其处罚,以避免使自己的共同体遭受更为严重的报复。[①] 由此可见,肇端于西方的引渡制度,是为了避免宗族复仇而发展起来的个人责任制度。其被赋予的基本功能,在于防止受害方出于报复目的,对施害方及其所属的宗族作出没有节制的侵害。可以说,引渡制度发展的漫长历程,是一条从粗野的报复过渡到合理、正义、精致的报应制度的漫长之路。对于彰显正义的刑法的发展历史,日本学者西原春夫教授曾作过精彩如下的评述:

> 刑法原来是人普遍对他人的行动感到"岂有此理"的愤怒时就必须对他人科以惩罚。……刑罚这一制度就是从这种人的愤怒和因此而产生的复仇心理出发,然后以禁止

① 黄风等:《国际刑法学》,中国人民大学出版社2007年版,第177页。

> 复仇，并由国家来代行复仇这种形式发展起来的。现在，刑法的刑事政策目的性要予以强调，也确实应该重视，但在其深处仍然没有失去缓和复仇心理手段的本质。如果国家对一般民众的愤怒置之不理，民众就有可能通过复仇和私刑对犯罪者采取严厉制裁。①

引渡制度是刑法发展的一个掠影，引渡由个别性的“交易”转变为规范性的制度设计，也是刑法朝精致化发展的一个缩影。在以农业文明和海洋文明为主的古代社会，冲突一般发生在宗族内部或者相邻的宗族之间，在这种相对封闭的社会环境下，对加害者的移交，只是发生在联系较为密切的不同团体间。在这些不同团体中，较为容易形成一致的意志，因此移交也不会遇上太大的困难。但是，在国家制度形成的现代社会，一旦加害者逃往国外，由于国家主权意识被普遍接受，从他国引渡犯罪人就会遇上重重阻碍。尽管在理论上，从他国引渡犯人不存在阻碍；因为在格劳秀斯（Hugo Grotius）看来，人类生活在一个普遍社会并且存在着违反自然法的犯罪，对于所有使一国遭受损害的犯罪，受害国享有天然的惩罚权，犯罪躲藏地国家不应当妨碍这种惩罚权的行使，而应当将犯罪人移交给请求国以便使其受到惩罚。但是，在主权国家之间存在很多法律、理念、价值、利益等冲突，引渡合作必须建立在冲突消弭或者双方均可接受的范围的前提下，因此，在实践中，请求国向前推进每一个引渡程序，可能

① ［日］西原春夫：《刑法的根基与哲学》，顾肖荣译，法律出版社2004年版，第97页。

都会面临巨大阻碍。

当下，全球化趋势进一步深化，犯罪人在各个国家间的流动更为频繁，犯罪人实施犯罪行为后，受害国为恢复本国被破坏的正义和秩序，期望将逃往国外的犯罪人抓捕归国并且使其接受惩罚，这是理所当然的事情。但不同于古代团体之间的通过口头约定即可交付犯罪人的简单方式，在现代国家中追捕犯罪人，一般需要向潜藏国提出正式的刑事司法合作。而其中，具备规范特质的引渡制度就得到了各个国家的青睐。较为发达的法治国家通常会颁布正式的引渡法对引渡合作程序作出规定，以明确请求国和被请求国的权利和义务。一方面，这是为了使权力机关依法行事，充分保护被请求引渡人的权利和国家利益；另一方面，则有利于让对本国制度了解甚少的引渡请求国有章可循，不至于陷入盲目。

“引渡”对我国来说是一个舶来品，相对于西方国家，我国引渡制度起步很晚。我国现行（也是第一部）《引渡法》颁布于 2000 年，而英国则早在 1870 年就颁布了《引渡法》。仅从时间上看，我国引渡法制的发展至少比西方发达国家落后一个多世纪。当然，这里面存在着复杂的历史、政治等因素。我国属于后发型的法治国家，在古代社会虽然一直存在刑律，但真正意义上的法治，可以说直到民国时期才初现雏形。在民国乃至改革开放前，我国对引渡制度依然没有清晰的认识。一个团体对另一个团体施加伤害，受害团体要求加害者所属的团体交出施害人，这种状况古来有之。如果将不同团体视为不同的司法区，那么在这种“交易”中，也确实可以看到引渡的影子。但实际上，在几千年的历史流变中，这种“交易”并未自觉地凝结成一种理性制度，而纯粹是基于人们心中朴素的正义感和为了避免更大伤害的功利性考虑。其中一个主要的法治因素就在于在封建社会，我国完全没有形成平等的国家观念，对作为主权一部分的司法权也完全采取淡漠的态度，这种法治观念严重制约了我国引渡制度的发展。如在清末，我国与外国签订的第一个不平等条约《南京条约》中，有一条是要求英国人在中国只受英国法律和英国法庭的约束，即所谓的治外法权。但是，正如我国学者蒋廷黻先生指出：

> 协定关税和治外法权是我们近年所认为不平等条约的核心，可是当时的人并不这样看。治外法权，在道光时代的人的目光中，不过是让夷人管夷人。他们想那是最方便、最省事的办法。①

这一评论充分表现了封建时代我国法治观念的落后。毫不夸张地说，正是这种愚昧的观念，严重推迟了我国的法治进程。试想，如果一个国家对本土的司法管辖权尚可拱手让人，甚至为摆脱了处理发生在本国的外国案件而沾沾自喜，那么指望它发展引渡制度去抓捕潜逃国外的犯罪人，岂不更是天方夜谭？

在改革开放后，我国与外界的交流增多，犯罪分子逃往境外的案例也变得屡见不鲜。特别是在近几十年经济高度发展的情势下，携款外逃的犯罪分子更是呈现出爆发性的态势。也正是在这样的国际国内形势下，我国才深刻认识到加强与外国进行

---

① 蒋廷黻：《中国近代史》，民主与建设出版社 2016 年版，第 22 页。

刑事司法合作的重要性。我国的引渡制度,也是在这种条件下起步并发展起来的。自 1993 年我国与泰国签署第一个双边引渡条约以来,截至 2017 年 1 月,与我国签署双边引渡条约的国家达到了 48 个(其中有 14 个尚未生效)。由此可见,我国与外国进行的引渡合作相对来说还是比较顺畅的,这也说明,外国对我国的法治状况予以了充分的信任和肯定。几十年来,通过与国外的交流和参与引渡实践,我国对引渡制度有了较为全面而深刻的认识,并且积累了一套比较成熟有效的经验。这些认识和经验,都凝结在 2000 年颁布的《引渡法》中。

作为法治起步较晚的国家,尽管我们表现出了强劲的追赶后劲,也目睹了这些年来我国引渡制度的迅速发展,然而冷静地看,我们也不太可能在这短暂的二三十年里,就一帆风顺地走完西方国家花了一百多年才走完的路。我们的落后并不是我们的悲哀,而是历史发展规律的必然。当然,这也意味着,我们应当接受我国设计的引渡制度在与我国国情以及与他国法律制度、价值的衔接上可能出现抵牾的事实。因此,在制度具体运作和自身的完善上,很长时间内,我们仍需要虚心地向那些发达的法治国家学习和借鉴,仍然需要不间断地在它们的制度中汲取营养。

这也就是我们译介各个国家的引渡法的初衷。

现行的新西兰《引渡法》于 1999 年 9 月 1 日开始实施。之所以选择翻译这一文本是因为: 其一,该法体系完整,而且某些制度较为先进。这部法律共由十一部分组成,分别调整引渡合作的基本规则,从新西兰向一般国家和英联邦国家引渡的程序,从新西兰向澳大利亚等某些特定国家引渡的程序,新西兰向外国请求引渡的程序，与引渡相关的搜查、扣押和证据规则，等等。在这些具体规定中，对于科学合理的部分，我们理应在理性辨析的基础上进行选择性的学习和借鉴。其二，从务实的一面看，当下我国很多外逃人员都选择潜藏在法治发达的国家，在“百名红通人员”中，就有闫永明、胡玉兴、蒋雷、陈兴铭、肖斌、宣秀英、程三昌、云健、虞泰年、孙燕、刘全洲等11人逃往新西兰或者以新西兰作为外逃的中转站，占“百名红通人员”的11%。从新西兰将这些犯罪分子抓捕归案，有赖于我国与新西兰建立良好的刑事司法合作关系。所谓“知己知彼，百战不殆”，只有了解新西兰包括引渡制度在内的法律制度，才能为我国与新西兰政府开展引渡合作提供便利。

以下是对新西兰《1999年引渡法》中的部分重要制度的简介。在介绍过程中，我们也将适当结合其他国家的引渡制度以及我国的实际情况进行分析。

一、引渡合作伙伴的确定

根据新西兰《1999年引渡法》第14条的规定，英联邦成员国（Commonwealth country）均为新西兰的引渡合作伙伴，无论是否存在双边引渡条约关系，新西兰均向其提供下引渡合作。对于其他外国，新西兰向其提供引渡合作一般以存在双边引渡条约关系为前提；总督通过枢密院令宣布对某一引渡条约缔约国适用《1999年引渡法》。如果某一外国尚未与新西兰缔结双边引渡条约，该国又不属于英联邦成员国，根据《1999年引渡法》第16条的规定，总督也可以通过枢密院令宣布对该国适用该法，并为此规定相关的条件、限制、例外情形和资格等附加规则；新西兰司法部长在执行该枢密院令之前必须要求该国作出有关互惠的承诺。由此看来，新西兰《1999 年引渡法》已经事实上放弃了“条约前置主义”的立场，更加注重引渡合作的互惠原则。

由于任何一个国家都不可能与所有外国缔结双边引渡条约，很多国家在制定引渡法或相关法律时，均对条约前置主义作出了放弃和变通，其中最具代表性的国家有英国、印度、南非和加拿大。比如，英国颁布的《2003 年引渡法》第 70 条第（7）款就不再把条约或者预先的安排规定为适用该法的前提条件，而是要求有关领域以“认可的方式”提出引渡请求，即由有关法域负责提出引渡请求的权力机关或者外交或领事代表提出引渡请求，上述机关或代表的资格须获得英国国务大臣的承认。再以加拿大为例，加拿大《1999 年引渡法》则允许将多边公约或者个案协议作为引渡合作的依据，不仅在第 2 条中规定“引渡协定”涵盖多边公约，而且在第 10 条规定：在不存在引渡协定的情况下，经征得司法部长的同意，外交部长可以与有关外国就个案达成“特定协议”。

但目前，仍有部分国家坚持严格的条约前置主义。比如，美国即要求请求国与自己缔结了双边引渡条约才有可能进一步开展引渡合作。《美国法典》第 209 章第 3181 条规定：“本章与移交外国犯罪人有关的各条款，仅在与该国政府签订的任何引渡条约存续期间有效。”①这一规定，相当于将未与其签订双边引

① 需要指出的是，国会于 1996 年对该条件作出了调整，即如果在外国受到指控的犯罪属于针对海外美国国民的暴力犯罪，即使美国与该国没有缔结任何关于引渡的协定或条约，美国也可以向该国引渡犯罪嫌疑人。但前提是：（1）犯罪嫌疑人不是美国国民或永久居留者；（2）外国政府向美国司法部提供了足够的犯罪证据材料；（3）被指控的犯罪不具有政治性质。由此可见，美国对待条约前置主义也出现了松动迹象。

渡条约的国家决绝地拒于引渡合作的门外。美国的这种“傲慢与偏见”,与它在世界的政治经济地位和它从滞留境内的外逃人员身上捞取的利益是分不开的。但是,这对开展良好的引渡合作,显然造成了严重阻碍,其合理程度是值得怀疑的。我国并未坚持严格的条约前置主义立场,我国《引渡法》第 15 条指出:“在没有引渡条约的情况下,请求国应当作出互惠的承诺。”换句话说,外国与我国开展引渡合作,在没有双边引渡条约的情况下,互惠承诺也可以作为开展引渡合作的基础。应当说,我国《引渡法》在对合作伙伴的确定上,克服了条约前置主义的偏狭性和机械性,具有开放性的特征。

二、对引渡请求的接收

外国的引渡请求应当按照双边引渡条约确定的联系途径提出,也可以由该国的外交或领事代表或者该国的一名政府部长向新西兰外交部长提出,并由外交部长转递给司法部长,即所谓的外交途径。引渡请求应当附有以下经过认证的支持文件:

1. 在为追诉目的而请求引渡的情况下,由请求国法官或司法官员签发的逮捕令或其副本。

2. 在为执行刑罚目的而请求引渡的情况下,关于定罪和判刑情况的证明材料,其中应说明尚需执行的刑期;如果对被请求引渡人只定了罪但尚未判刑,须说明关于判刑方面的打算。

3. 在任何情况下,关于犯罪事实的介绍以及相关的处罚条款。

在国际上,不同国家引渡合作的联系方式大致可分为四种:外交途径联系、领事途径联系、政府法律事务部门联系以及司法机关直接联系。引渡法采取何种联系方式，是在对本国国体、政府的组织形式、价值观念等充分考虑后，作出的慎重决定。对于适应国家需要的，可以积极借鉴，但是对于不适合国家现状的，则不能为了迎合潮流盲目引进。比如，领事途径，它表现为请求国司法机关借助本国驻被请求国的领事机构传递引渡请求，这种做法通常出现在联邦制国家，中央政府将引渡合作的联系职能下放到各州或加盟共和国。倘若一国没有这样的制度安排，那么，忽略实际而规定领事联系途径就显得滑稽可笑。

在我国，《引渡法》第4条明确规定只能通过外交途径进行引渡合作的联系，而且中国外交部是中国对外开展引渡合作的联系机关。这一规定立场鲜明地表明，外国引渡请求只能由外国驻中国的外交代表机构直接向外交部提出，其他任何通过非外交途径提出的外国引渡请求在我国都是无效的，此外，任何国内机关均不得接收和受理非经外交途径提出的引渡请求，或者应将其立即退回。诚然，这一严格规定有助于保护我国的尊严和国际地位，但是，世界形势是迅速变化的，如果在将来的某一天，我们发现不适宜以外交途径作为与某国开展引渡合作的前提，那么另外规定例外情况，必然需要修改《引渡法》，而这是非常不经济的。因此，也许可以考虑，如新西兰《1999年引渡法》那样，将"双边引渡条约确定的联系途径"作为联系途径，这样可以合理消解引渡法对联系途径规定的封闭性缺陷。

三、为引渡的逮捕和临时逮捕

根据该法第19条，在收到外国引渡请求后，司法部长可以向地区法院法官发出通知，并请求该法官对被请求引渡人签发逮捕令。如果司法部长认为不宜采取这样的强制措施,也可以不向地区法院发出上述通知和请求。

在符合以下条件的情况下,地区法院法官可以出具逮捕令:

1. 该人处于、被怀疑处于新西兰境内或正在前往新西兰的途中;

2. 有合理依据确信就该被引渡国家而言该人属于可引渡人员且引渡请求所依据的犯罪属于引渡犯罪。

值得注意的是,对“什么样的依据是这里的合理依据”,该法并未作进一步解释,这赋予了地区法院法官一定的自由裁量权。但由于引渡逮捕不仅是一种限制人身自由的防范措施,而且具有相当程度的同意开展引渡合作的表意性,该法规定引渡请求必须符合双重犯罪原则,这就要求被请求国主管机关对此必须提供充分的证明材料。规定这一点,是为了避免新西兰政府履行请求国追究轻微犯罪或者一般违法行为的请求,而陷入沉重的诉讼负担。出于这一考虑,一些国家对引渡逮捕提出了更高的证据要求。例如,英国《2003 年引渡法》第 71 条规定,法官签发逮捕令需获得如下证据:“(a)在被请求引渡人受到关于犯罪的指控的情况下,主管法官据以在其辖区内对被指控犯有该罪行的人签发逮捕令的证据;(b)在被请求引渡人被指称在定罪后逃脱的情况下,主管法官据以在其辖区内对在定罪后非法脱逃者签发逮捕令的证据。”

另外,根据新西兰《1999 年引渡法》第 20 条的规定,在国外尚未提出正式的引渡请求的情况下,地区法院的法官可以根据有关部门提供的消息和提出的申请签发临时逮捕令,前提是满足如下条件:

1. 在引渡国家已经由法院、法官或其他该国法律规定的有权签发令状人员签发了逮捕某人的令状；

2. 该人处于、被怀疑处于新西兰境内或正在前往新西兰的途中；

3. 有合理依据确信就该被引渡国家而言该人属于可引渡人员且引渡请求所依据的犯罪属于引渡犯罪；

4. 有紧急签发逮捕令的需要或必要。

该法第21条规定，如果地区法官出具了临时逮捕令，临时逮捕令的申请人必须将该情况报告新西兰司法部长。申请人在向司法部长提交的报告中必须附有引渡请求国签发的令状副本及申请人向地区法院提交的其他书面证据。司法部长有权根据具体情况，命令中止引渡程序，并且撤销任何令状并释放被临时逮捕人。

另外，值得一提的是，在一些国家的引渡立法例中，还存在引渡监视居住和过境引渡中的羁押措施两种引渡强制措施。所谓引渡监视居住，主要是基于两个方面的需要。一方面，是为了使引渡强制措施的采用能够适应某些情况下的人道主义考虑。对于那些患有严重疾病、正在怀孕或者正在哺乳自己婴儿的外国人，被请求国主管机关应当基于人道主义给予特殊照顾，实行监视居住将有助于解决这个问题。另一方面，鉴于大部分国家对引渡案件的审理是可以无限期延长的，需要有一种引渡强制措施来减轻在非严重刑事案件情况下对被请求引渡人人身自由的限度强度，或者缓冲一下引渡拘留或引渡逮捕的不定期性对被请求引渡人的过分不利影响。我国《引渡法》第35条即是这一措施的立法适例。新西兰《1999年引渡法》在这一精神的指导下，亦于第 27 条规定了监狱外场所的羁押的条款，即如果法庭根据案情认为，将被请求引渡人羁押在监狱可能危及生命或致其健康承受严重的风险，法庭可以命令将其羁押于：（1）该人当时所处场所；（2）其他场所。可见，我国《引渡法》与新西兰《引渡法》在人道主义发扬方面，是异曲同工的。

之所以规定过境引渡中的羁押措施，是因为羁押作为暂时剥夺人身自由的强制措施，它的适用是司法管辖权的体现。外国执法人员在羁押被引渡人进入其他国家领域后无权单独采取此措施，而应当请求途经国执法机关协助其实施对被引渡人的羁押。我国《引渡法》对过境引渡中的羁押措施也作了明确规定，该法第 46 条规定："引渡的过境由过境地的公安机关监督或者协助执行。公安机关可以根据过境请求国的请求，提供临时羁押场所。"这说明，我国的引渡强制措施是较为全面的。

四、对外国引渡请求的司法审查：妨碍引渡的情形

在收到司法部长转来的引渡请求及其支持材料后，主管法院将进行有关的司法审查。如果根据有关的引渡条约或者条例，引渡请求国还应当提供其他必要的证据材料或文件，这样的材料或文件可以直接向主管法院提交。司法审查的任务主要是查明被请求引渡人是否符合引渡的条件。为此，主管法院应当首先审查是否存在新西兰《1999 年引渡法》第 7 条所列举的以下绝对禁止引渡的情形：

1. 政治犯罪不引渡：引渡请求所依据的犯罪是具有政治性质的犯罪；

2. 不正当的追诉目的：引渡请求是为了因被请求引渡人的

种族、民族、宗教、国籍、性别、其他身份、政见，或是因政治性犯罪而对其进行起诉或施以刑罚；

3. 不正当的追诉目的：一旦被引渡可能使其在审判中受到歧视，或因种族、民族、宗教、国籍、性别、其他身份、政见而被处刑、羁押或限制人身自由；

4. 纯粹的军事犯罪：据以提出引渡请求的行为仅构成违反引渡国家军事法律的犯罪，而非违反一般刑事法律规定的犯罪；

5. 一事不再理：针对引渡犯罪或构成引渡犯罪的同一行为所构成的其他犯罪，已被请求引渡国或新西兰主管法院或机构宣判无罪或赦免，或者已经依该国或新西兰法律所处刑罚服刑完毕；

6. 人道主义考虑：被请求引渡人因为精神疾病而被收容在精神病院。

另外，该法第 8 条规定了 4 种裁量性的引渡限制条件。在符合下列条件的前提下，主管法院可视具体情况决定是否同意引渡：

1. 情节轻微（不满足双重犯罪原则，或者不属于可引渡犯罪）；

2. 在某人受到犯罪指控的情况下，指控并非出于维护社会正义的善意；

3. 自被指控犯罪行为实施之日起经过相当长一段期限；

4. 如果某人在新西兰法域内受到犯罪指控（在据以提出引渡请求的犯罪之外），并且有关诉讼程序尚未处理完毕。

需要研究的是，新西兰《1999 年引渡法》并未将一些国际社会普遍遵循的并且具有刚性的原则规定在“妨碍引渡的情形”

中，如本国国民不引渡原则、死刑不引渡原则、酷刑不引渡原则等，而是在第 30 条中，规定由司法部长对被指控犯罪是否符合这些情形进行审查。新西兰对引渡案件的审查采取的是“行政审查—司法审查—行政审查”的模式，即先由司法部长进行行政审查，在认为不存在明显妨碍引渡合作的情形后将引渡案件提交司法审查，在司法审查对引渡的可准予性作出认定后再将案件送回司法部长，由司法部长对外国的引渡请求进行把关并作最终决定。通常来说，对引渡案件的审查分为司法审查和行政审查。在这里，行政审查又分为初始审查和最终审查。司法审查是关于引渡请求的合法性审查，审查的内容主要是引渡请求是否符合《引渡法》和引渡条约关于引渡条件的规定。行政初始审查只是关于形式要件的审查，新西兰《1999 年引渡法》第 18、19 条对司法部长的初始审查权作出了规定，在此种审查中，主要审查的是引渡请求书及其所附材料是否在形式上符合法定条件。一般来说，行政最终审查是一种综合性的审查，涉及法律制度、司法管辖、国家安全、公共秩序、伦理准则、外交关系等方方面面。但是，该法第 30 条只要求司法部长对是否存在死刑、酷刑，是否为本国国民等本该属于行政初始审查和司法审查的事项进行审查，而不涉及其他方面，这着实令人费解。我们认为，这一方面是因为死刑和酷刑等事关重大，一旦准予引渡，将直接关涉到被请求引渡人的生杀予夺，因此有必要进一步强调对其进行慎重考虑；另一方面则是因为死刑和酷刑等情况复杂，特别是涉及对请求国量刑承诺进行评估时，各种不确定因素更是名目繁多，所以为了避免疏漏或者误判，需要对引渡中的这些事项进行进一步确认。

五、对外国引渡请求的司法审查：支持请求的材料

在一般情况下，新西兰主管法院对外国的引渡请求可以采用“零证据”标准，不要求请求国提供关于被请求引渡人犯罪事实方面的材料。但是，如果引渡条约有特别规定或者在不存在引渡条约的情况下有关条例作出特别规定，主管法院在进行司法审查时将要求请求国提供以下证据材料：

1. 在为追诉目的请求引渡的情况下，提供足以证明假如有关犯罪发生在新西兰境内可据以将行为人提交审判的证据材料；

2. 在为执行刑罚目的请求引渡的情况下，提供足以证明被请求引渡人已被判处刑罚的证据材料。

新西兰《1999年引渡法》似乎意识到上述证据标准的严苛性，它允许总督根据司法部长的建议对某些引渡合作伙伴免除提供上述证据材料的义务。条件是，该引渡合作伙伴也将给予新西兰提出的引渡请求同等的优惠待遇。在这种情况下，请求国可以不再向负责司法审查的新西兰主管法院提供证据材料本身，而只是提供关于证据材料的“记录”，即以书面形式概要地说明请求国主管机关掌握怎样的证据材料，该“记录”应当由在请求国负责案件调查或检控的官员制作，并且说明“记录”中所介绍的证据可用于对请求引渡人的审判（参见《1999年引渡法》第25条）。享受这种豁免待遇的国家被新西兰《1999年引渡法》称为“豁免国家”（参见《1999年引渡法》第17条）。但是，对于那些尚未与新西兰建立双边引渡条约关系的国家，新西兰《1999年引渡法》没有明确规定可使之成为豁免国家。

从上可见,不同国家向新西兰提出引渡请求,在要求提交的支持引渡请求的文件和材料的问题上,新西兰《1999 年引渡法》作出了三种不同的安排。第一种是“表面证据”标准,这一标准针对的是与新西兰不存在双边引渡条约,或者虽有双边引渡条约,但在条约中明确规定了这一证据标准的国家。这一标准的内涵是:请求方所提供的犯罪证据,在未遇到反驳的情况下,构成将有关人员提交法院审判的充足根据。这种标准在一些国家也被表述为“合理根据”或者“重大嫌疑”标准。第二种标准是要求说明存在足够证据,这一标准适用于所谓的豁免国家。它虽然不要求提供证据,但要求提供现有证据摘要以及一项根据请求国法律上述证据足以证明有理由起诉该人的说明。第三种是“零证据标准”,这一标准在新西兰与外国的引渡合作中被广泛适用,即只要求请求方提供对被请求引渡人签发的逮捕令以及有关的案情概要。第一种标准较为严苛而繁琐,甚至可以说对外国引渡请求的审查变成了对有关刑事案件的预审。第二种标准是第一种标准的简化,相对来说不太难以满足。第三种是进行形式要件审查标准,既不要求提供证据材料,也不要求提供关于证据的说明,不仅便捷,而且体现了被请求方对请求方刑事追诉活动和相关法律程序的充分信任。

我国与外国缔结的绝大部分双边引渡条约,确定的是“零证据标准”,但需要指出的是,我国《引渡法》第 12 条列举了一系列需由请求国提交的支持引渡请求的文件和材料,其中第二项规定的是“必要的犯罪证据或者证据材料”。这里的犯罪证据应作广义的理解,泛指一切与犯罪及其成立或追诉条件有关的证据,例如:关于被请求引渡人达到刑事责任年龄的证据,关于被请求引渡人特定主体身份的证据，等等。这一规定并不是我国为引渡合作有意设置阻碍，而是为了在无引渡条约可循的情况下，给自己保留必要的审查权。因此，从我国《引渡法》和与外国缔结的双边引渡条约来看，我国对开展引渡合作一直是抱着开放的姿态的，相对于采取更严格证据标准的国家，这是我国在国际社会上展现出更积极一面的表现。

新西兰《1999 年引渡法》规定，在司法审查结束时，如果主管法院认为被请求引渡人符合引渡条件，则签发拘押令，将被请求引渡人收监关押，以等待向请求国执行移交；在此情况下，主管法院可以酌情允许被请求引渡人的保释请求。同时，主管法院应当通知被请求引渡人：其自拘押令签发之日起 15 日内不受移交；在此期限内其有权申请“人身保护令”，也有权根据《1999 年引渡法》的相关规定对主管法院的决定提出上诉。如果主管法院认为被请求引渡人不符合引渡的条件，应当立即决定释放被请求引渡人，除非引渡请求国对主管法院的上述意见提出上诉，并且主管法院也认为有必要对被请求引渡人继续实行羁押，在此情况下，主管法院可以重新签发逮捕令。

六、上诉及救济

根据新西兰《1999 年引渡法》第 68 条规定，对于主管法院作出的司法审查决定，当事人可以向高等法院提出上诉。具体来说，针对主管法院关于符合引渡条件的意见，被请求引渡人有权提出上诉；对于主管法院关于不符合引渡条件的意见，引渡请求国也有权提出上诉。任何上诉应当自主管法院作出有关决定后的15日内提出。上诉理由仅限于当事人认为主管法院在适用法律问题上存在错误。在上诉审中,高等法院只能就法律问题进行审查,不能再去审查有关的证据材料,也不能就主管法院没有庭审的问题进行审查。

如果高等法院认为主管法院关于被请求引渡人符合引渡条件的意见是错误的,应当撤销包含该意见的决定,命令释放被请求引渡人,或者将该案件发回主管法院重新听审,并且可以要求主管法院在重新听审时遵循高等法院就有关法律问题发表的意见。即使高等法院认为有关错误只涉及多项犯罪中的一项或数项,同样可以按照上述方式处理。

如果高等法院认为主管法院关于被请求引渡人不符合引渡条件的意见是错误的,应当撤销包含该意见的决定,对被请求引渡人签发拘押令,或者将案件发回主管机关重新听审,并且可以签发逮捕令,使被请求引渡人在重新听审期间处于羁押状态。

七、司法部长的最终行政审查和决定

在认为被请求引渡人符合引渡条件的情况下,主管法院或者负责上诉审的高等法院应当制作一份记录,具体说明对于哪些犯罪法院同意引渡。主管法院应当将该纪录,连同引渡请求国直接向该法院提交的证据材料或文件以及拘押令副本,移送给司法部长。

根据新西兰《1999年引渡法》的规定,当存在下列情形之一时,司法部长在其最终的行政审查中应当拒绝外国的引渡请求,并且决定立即释放被请求引渡人:

1. 司法部长认为存在《1999年引渡法》第7条所列举的绝

对禁止引渡的情形；

2. 司法部长确有理由认为被请求引渡人有可能在请求国遭受酷刑；

3. 被请求引渡人是新西兰公民，并且有关的引渡条约、枢密院令或者协定不允许向外国引渡新西兰公民；

4. 有关的引渡条约或协定没有就特定性原则作出明确的安排。

当存在下列情形之一时，司法部长在最终的行政审查中可以根据自己的裁量决定是否拒绝外国的引渡请求：

1. 司法部长认为被请求引渡人可能在引渡后被判死刑，而请求国不能提供足够的保证，承诺不对该人判处死刑或者不执行已判处的死刑；

2. 司法部长认为需要援引《1999年引渡法》第8条所列举的某一任择性拒绝引渡的理由；

3. 被请求引渡人是新西兰公民，或者同时具有新西兰国籍和其他国籍，虽然有关的引渡条约、枢密院令或者协定不禁止向外国引渡新西兰公民，但是，司法部长考虑到案件的具体情况，认为实行这种引渡不符合公正司法的原则；

4. 考虑到被请求引渡人的年龄或健康等特殊原因，司法部长认为引渡该人是不公正的或者具有压迫性的。

如果司法部长经审查认为引渡请求是可以接受的，则签发引渡令。但引渡令应当自主管法院签发拘押令之日起15日期限届满后签发；在被请求引渡人提出人身保护令申请或者有关当事人对主管法院的决定提出上诉的情况下，应当在有关的司法审查程序结束并最终认定被请求引渡人符合引渡条件之后签发。如果被引渡人因触犯新西兰法律的犯罪行为正在监狱中服刑,司法部长可以决定推迟向请求国移交该人。也可以考虑到请求国司法审判的需要,决定对该人实行临时引渡,条件是引渡国应当保证根据约定的期限将被引渡人返还给新西兰,并且始终使被临时引渡人处于羁押状态。

根据新西兰《1999 年引渡法》第 32 条第 3 款和第 4 款的规定,如果司法部长考虑到某些特殊的情况,认为需要经过一定的时期后再对被引渡人实行移交,其可以通过命令确定一个期限,规定只有在该期限届满后才能实行移交;司法部长可以通过命令进一步延长这样的期限,也可以随时撤销关于上述期限的命令。

以上即为我们对新西兰《1999 年引渡法》的几种重要制度所作的简单介绍。

2017 年 6 月 1 日重新印发

1999 年引渡法

公法　1999 年　第 55 号

通过日期　1999 年 5 月 20 日

生效日期见本法第 1 条第 2 款

正　文

第 1 章

基本规定

解　释

本法的适用

引渡的限制条件

本法效力及于王室

条约的解释

第 2 章

本法的目的

第 3 章

由新西兰向特定条约国家、英联邦国家及其他国家引渡

本章的适用

豁免国家

引渡程序

同意引渡

非引渡犯罪的同意引渡

引渡和临时引渡

释　放

释放不妨碍进一步诉讼

第4章

由新西兰引渡至澳大利亚及指定国家

本章规定的适用

指定国家

引渡程序

同意引渡

临时引渡

释 放

释放不妨碍进一步诉讼

第 5 章

本法在个案请求中的扩展适用

第 6 章

引渡至新西兰

第 7 章

引渡令程序

第 8 章

对引渡裁定的上诉

第 9 章

证据规定

第10章

搜查和扣押

资产返还

第11章

关于引渡人员在新西兰停留和递解的规定

第12章

杂项规定

条约规定

规　章

跨国及保留条款

修改及废除

附录 1
本法生效时已经在新西兰生效的有关引渡问题的英国议会法令

附录 2
停止在新西兰生效的有关引渡问题的英国议会法令

附录 3
已修改的法律

再版说明

本法目的在于巩固和修改有关向新西兰或从新西兰引渡人员的法律

1. 简称及生效

（1）本法可被引称为《1999 年引渡法》。

（2）本法于 1999 年 9 月 1 日生效。

第 1 章
基本规定

解　释

2. 解释

（1）本法中，除根据文义另有所指外，——

总检察长指新西兰总检察长。

国家包括任何国家、地区、行省或国家的其他组成部分。

证词包括

（a）宣誓证言或经宣誓所作的陈述；

（b）在法律允许或要求宣誓证言或宣誓陈述的国家所作的宣誓证言或宣誓陈述；

（c）当庭或向司法机关当面陈述，如依该国法律规定在此过程中虚假陈述应处刑罚。

指定国家指依照本法第 40 条颁布的议会法令对之生效并

规定本法第 4 章之规定适用于该国的国家。

豁免国家指任何适用于本法第 3 章之规定且依照本法第 17 条颁布的议会法令对之生效的国家。

引渡人员具有以下第 3 条之规定所赋予含义。

引渡国家指：

（a）在本章、第 2 章、第 7 章至第 12 章中，任何适用于本法第 3 章和第 4 章之规定的国家；

（b）在第 3 章中，任何依照本法第 13 条之规定适用于本章的国家；

（c）在第 4 章中，任何依照本法第 39 条之规定适用于本章的国家；

（d）在第 6 章中，指向新西兰引渡人员的国家；

但不包括新西兰在内。

引渡犯罪具有以下第 4 条之规定所赋予含义。

引渡条约或条约

（a）指新西兰与任何一个或多个国家之间正在生效的为引渡被起诉或定罪人员签订的条约或协定；以及

（b）包括前款规定所指但仅适用于某国部分地区的条约。

医院指《1992 年精神健康（强制诊断和治疗）法》第 2 条第（1）款之规定所定义的医院。

部长指司法部长。

犯罪包括与财税（包括营业税、关税及消费税）或外币管控有关的犯罪。

刑罚不包括由支付罚金或没收财产组成的刑罚。

监狱指依照或可视为依照《2004 年教养法》之规定所设立

的监狱。

临时逮捕令指

(a) 就本法第 3 章之规定而言,依照本法第 20 条之规定所签发的令状;

(b) 就本法第 4 章之规定而言,依照本法第 42 条之规定所签发的令状。

监禁判决就新西兰而言,包括判处预防性羁押。

令状包括任何授权逮捕某人的司法文件。

(2) 本法中凡提及参照**任何国家的法律**包括参考该国任何地区的法律。

(3) 本法中凡提及**政治性犯罪**不包括——

(a) 某罪——

(ⅰ) 新西兰作为缔约国加入的多边条约中所提到的某类行为所构成的犯罪;且

(ⅱ) 缔约国对该罪具有或起诉或引渡义务;或者

(b) 新西兰以书面形式与其他国家达成协议,为在两国间进行引渡的目的,不将该罪作为政治性犯罪处理的任何犯罪。

(4) 为本法第 33 条第(1)款、第 54 条第(1)款及第 54 条第(3)款之目的,某人不得在监狱羁押,如果其——

(a) 所受监禁处于缓刑状态,尚未被重启执行;或者

(b) 处于假释、居家监禁或人道释放,或者符合《2002 年假释法》第 1 章规定的释放条件;或者

(ba) 处于依照《2002 年量刑法》第 80A 条之规定所判处的居家监禁;或者

(c)［已废除］;

(d) 依照《2004 年教养法》第 62 条之规定被通缉中;或者

(e) 接受社区服刑［在《2002 年量刑法》第 4 条第(1)款之规定含义内］。

对比: 1965 年第 44 号法律第 2 条。

第 2 条第(1)款**刑罚执行机关**: 2005 年 6 月 1 日被《2004 年教养法》(2004 年第 50 号法律)第 206 条废除。

第 2 条第(1)款**监狱**: 2005 年 6 月 1 日由《2004 年教养法》(2004 年第 50 号法律)第 206 条新增。

第 2 条第(4)款: 2005 年 6 月 1 日由《2004 年教养法》(2004 年第 50 号法律)第 206 条修改。

第 2 条第(4)款(b)项: 2002 年 6 月 30 日由《2002 年假释法》(2002 年第 10 号法律)第 125 条替换。

第 2 条第(4)款(ba)项: 2007 年 10 月 1 日由《2007 年判决法修正案》(2007 年第 27 号法律)第 58 条新增。

第 2 条第(4)款(c)项: 2002 年 6 月 30 日被《2002 年假释法》(2002 年第 10 号法律)第 125 条废除。

第 2 条第(4)款第(d)项: 2005 年 6 月 1 日根据《2004 年教养法》(2004 年第 50 号法律)第 206 条修改。

第 2 条第(4)款第(e)项: 2002 年 6 月 30 日由《2002 年量刑法》(2002 年第 9 号法律)第 186 条修改。

3. 可引渡人员的含义

本法中,就引渡国家而言,某人属于**可引渡人员**,如果——

(a) 该人被指控已经实施了该国法律规定的引渡犯罪;或者

(b) 因违反被认定构成该国法律规定的引渡犯罪被定罪且——

(ⅰ) 作为定罪后果有意对其判处刑罚;或者

(ⅱ) 作为定罪后果对其所处刑罚的全部或部分尚待服刑。

4. 引渡犯罪的含义

（1）服从于引渡条约之规定，本法中，**引渡犯罪**指，——

（a）就引渡国家而言，依照引渡国家法律规定可处最高刑不低于 12 个月监禁或任何更重刑罚且符合以下第（2）款之规定条件的犯罪；

（b）就新西兰提出的引渡请求而言，依照新西兰法律规定可处最高刑不低于 12 个月监禁或更重刑罚的犯罪。

（2）上述第（1）款（a）项所提到的条件为，如果被引渡人员的行为就引渡国家而言构成犯罪，或者同等行为在相应时间发生在新西兰法域内，一经证实，将构成依照新西兰法律规定可判处最高刑不低于 12 个月监禁或任何更重刑罚的犯罪。

（3）为判断某一特定引渡请求是否满足上述第（2）款之规定条件，第（2）款规定中所提到的相应时间系指行为被控发生的时间。

（4）在确定没有成文法为其规定法定刑的外国法律犯罪的最高刑时，必须考虑法院可以对该罪所处的最重刑罚。

第 4 条第（1）款（a）项：2002 年 12 月 19 日由《2002 年引渡法修正案》（2002 年第 64 号法律）第 3 条第（1）款（a）项修改。

第 4 条第（1）款（a）项：2002 年 12 月 19 日由《2002 年引渡法修正案》（2002 年第 64 号法律）第 3 条第（1）款（b）项修改。

第 4 条第（1）款（b）项：2002 年 12 月 19 日由《2002 年引渡法修正案》（2002 年第 64 号法律）第 3 条第（2）款修改。

5. 关于犯罪的解释性规定

（1）本法中所提到的**构成犯罪的行为**是指作为或不作为，或二者兼具，借此犯罪得以实施或犯罪被指控已经实施。

（2）在对上述第 4 条第（2）款之目的作出判断过程中，必须整体考虑被控实施了犯罪行为的人所实施的作为或不作为，且不论依照引渡国家或新西兰法律规定——

（a）作为或不作为的分类及称谓是否相同；或者

（b）犯罪构成要件是否相同。

（3）某罪可以是引渡犯罪即使——

（a）该罪为引渡国家规定的涉及财税（包括营业税、关税及消费税）或外币管制的犯罪；且

（b）新西兰没有征收此类赋税、关税或附加税。

（4）为本法之目的，为任何国家法律承认属于该国的船舶或航空器被视为受该国管辖且为该国领土的组成部分。

（5）如果某人因违反引渡国家法律的犯罪被缺席定罪，无论定罪是否为终局裁决，为本法之目的，该人不被视为已经就该罪被定罪，但将被视为因该罪受到指控。

对比：1965 年第 44 号法律第 2 条第（3）款；《1988 年引渡法》第 10 条第（1）款、第（2）款、第（3）款（已调整）。

本法的适用

6. 本法的适用

（1）处于新西兰境内且被引渡国家要求引渡的可引渡人员，视以下情形，可依本法第 3 章或第 4 章之规定程序引渡——

（a）无论引渡请求所依据的行为发生在下列事项之前或之后——

（ⅰ）本法生效；或者

（ⅱ）本法规定对该国适用；以及

（b）新西兰法院对该行为是否有权管辖。

（2）本条之规定服从于本法其他条款。

对比：1965年第44号法律第4条。

引渡的限制条件

7. 引渡的禁止性限制条件

引渡的禁止性限制条件成立，如果——

（a）引渡请求所依据的犯罪属于政治性犯罪；或者

（b）对某人的引渡，尽管宣称系针对引渡犯罪，但实际上是基于种族、民族、宗教、国籍、性别、其他身份、政见的原因，或为因政治性犯罪对其进行指控或惩罚之目的而提出；或者

（c）该人可能在引渡过程中，因种族、民族、宗教、国籍、性别、其他身份、政见的原因，审判权受到损害，被处刑、羁押或限制人身自由；或者

（d）引渡请求所依据的犯罪行为仅构成违反引渡国家军事法律的犯罪而非违反一般刑事法律的犯罪；或者

（e）针对引渡犯罪或构成引渡犯罪的同一行为所构成的其他犯罪，已被引渡国家或新西兰主管法院或主管机构宣判无罪或赦免，或者依该国或新西兰法律所处刑罚已服刑完毕；或者

（f）该人作为《1992年精神健康（强制诊断和治疗）法》第2条第（1）款之规定含义内的**特殊病人**在医院被拘禁；或者

（g）该人作为《2003年智力障碍（强制护理和复健）法》规定的特殊护理病人在医疗机构被拘禁。

对比：《1881年逃犯法》第29A条第（1）款、第（2）款（生效中）；1965年第44号法律第5条第（1）款（a）项、（b）项，第（3）条，第（4）条。

第7条(f)项：2004年9月1日由《2003年刑事诉讼(智力障碍人士)法》(2003年第115号法律)第51条修改。

第7条(g)项：2004年9月1日由《2003年刑事诉讼(智力障碍人士)法》(2003年第115号法律)第51条增加。

8. 引渡的裁量性限制条件

(1) 裁量性限制条件成立,如果出于以下原因,——

(a) 案件性质轻微;或者

(b) 在某人受到犯罪指控的情况下,指控并非出于维护社会正义的良好意愿;或者

(c) 犯罪行为自被指控仍在实施或已经实施之日起经过相当长时间;

且经衡量案件的全部情节,引渡某人将造成不公正或压迫。

(2) 如果某人在新西兰法域内受到犯罪指控(针对引渡请求所依据的犯罪之外的其他犯罪),且诉讼程序尚未完结,裁量性限制条件成立。

对比:《1881年逃犯法》第19条(生效中);1965年第44号法律第(5)条第(5)款。

9. 本法第7条和第8条规定的适用

本法第3章和第4章列举了以上第7条和第8条之规定所列举的,成立引渡禁止性限制条件和裁量性限制条件所需要考虑的具体情形,以及由谁来决定在特定案件中是否适用限制条件。

本法效力及于王室

10. 本法效力及于王室

本法效力及于王室。

条约的解释

11. 引渡条约的解释

（1）如果在新西兰和引渡国家间存在生效引渡条约，本法规定必须以能够使条约生效的方式进行解释。

（2）尽管有以上第（1）款之规定，任何条约不得解释为逾越以下条款——

（a）本法第7条之规定；或者

（b）本法第24条第（2）款（d）项或本法第45条第（5）款之规定；或者

（c）本法第30条第（2）款（b）项或第（3）款（a）项（包括这些款项依据本法第49条之规定适用的情形）之规定；或者

（d）任何赋予部长或法院特定职权的规定。

（3）本条之规定服从于本法第105条。

第2章
本法的目的

12. 本法的目的

本法旨在规范自新西兰向引渡国家或自引渡国家向新西兰引渡被告人或已被定罪人员，尤其是——

（a）为确保新西兰能够履行引渡条约规定义务；及

（b）为新西兰落实英联邦国家提出的引渡请求提供法律途径；及

（c）为新西兰落实由未签署引渡条约的非英联邦国家提出的引渡请求提供法律途径；及

（d）为新西兰落实由澳大利亚及其他特定国家提出的引渡请求提供简易程序；以及

（e）为便于提出将某人引渡至新西兰的请求。

第3章
由新西兰向特定条约国家、英联邦国家及其他国家引渡

本章的适用

13. 适用于本章的国家

本章适用于——

（a）除适用于本法第4章之规定的英联邦国家外的任何英联邦国家；及

（b）任何依照本法第15条或本法第16条之规定颁布的议会法令，规定本章对其适用的国家；及

（c）任何存在生效议会法令或议会法令依照本法第104条之规定对其适用的国家；以及

（d）任何依本法第60条规定的特定情形适用于本章的国家。

14. 英联邦国家无需引渡条约

（1）如本章规定适用于英联邦国家，在适用过程中——

（a）不需要新西兰与该国之间有引渡条约；且

（b）不需要为将本章适用于该国而颁布议会法令；

（2）本条之规定概不妨碍——

（a）新西兰与英联邦国家正在制订之条约；或者

（b）根据本法第 15 条或第 17 条之规定正在就该国制订的议会法令。

15. 与引渡条约有关的议会法令

（1）如果本法颁布后，新西兰与其他国家之间缔结了引渡条约（包括对新西兰与该国之间生效条约进行修订或替代的条约），总督可以，通过颁布议会法令，将本章规定适用于该国（或者在条约仅适用于该国部分地区的情况下，将本章规定适用于该国部分地区）。

（2）依照以上第（1）款之规定颁布的议会法令必须援引条约期限。

（3）依照以上第（1）款之规定颁布的议会法令自相关条约失效之日起立即失效。

（4）依照以上第（1）款之规定颁布的议会法令，为《2012 年立法法》之目的属立法性文件和非许可性文件，必须依照《2012 年立法法》第 41 条之规定呈报众议院。

对比：1965 年第 44 号法律第 3 条第（1）款、第（2）款。

第 15 条第（1）款：2002 年 6 月 18 日由《2002 年引渡法修正案》（2002 年第 21 号法律）第 3 条修改。

第 15 条第（4）款：2013 年 8 月 5 日由《2012 年立法法》（2012 年第 119 号法律）第 77 条第（3）款替代。

16. 没有引渡条约的情况下向非英联邦国家引渡

（1）如果——

(a) 新西兰与某特定国家间没有引渡条约;且

(b) 没有依照本法第 15 条之规定颁布的议会法令适用于该国;且

(c) 该国不属于英联邦国家或指定国家,——

总督可以,在部长的提议下,通过颁布议会法令,服从于法令中可能规定的限制、前提、例外或资格,将本章适用于该国。

(2) 部长不得提议颁布以上第(1)款规定的议会法令,除非其认为能够确保将拟议中的议会法令所涉及的,因同类引渡犯罪受到指控或定罪人员遣送新西兰。

(3) 依照以上第(1)款之规定通过的议会法令,为《2012 年立法法》之目的属立法性文件和非许可性文件,必须依照《2012 年立法法》第 41 条之规定呈报众议院。

第 16 条第(3)款:2013 年 8 月 5 日由《2012 年立法法》(2012 年第 119 号法律)第 77 条第(3)款替代。

豁免国家

17. 豁免国家

(1) 总督可随时在部长的提议下,通过颁布议会法令,宣布依照本法第 13 条之规定适用于本章的国家同属适用于本法第 25 条规定之国家(豁免国家)。

(2) 在提议颁布以上第(1)款规定的议会法令前,部长必须确认,就举证要求而言,被豁免的国家能够以依照本法第 25 条规定的由该国向新西兰提出引渡请求的同等方式处理由新西兰提出的引渡请求。

引渡程序

18. 请求引渡

（1）引渡国家就下列人员提出的引渡请求——

（a）就该国而言属可引渡人员；且

（b）处于、被怀疑处于新西兰境内或正在前往新西兰途中，——

必须递交司法部长。

（2）该请求须由——

（a）寻求对某人进行引渡的国家的外交、领事代表或部长提出；或者

（b）以新西兰与该引渡国家间生效引渡条约（如果有的话）规定形式或两国间承诺规定形式提出。

（3）引渡请求须附有经正当程序认证的支持文件。

（4）在本条中，就引渡犯罪而言，**支持文件**指，——

（a）如引渡犯罪为被引渡人员被指控实施的犯罪，——

（ⅰ）由该国法院、法官或其他依照该国引渡法规定有权签发令状人员签发的，为该罪逮捕被引渡人员的令状；或者

（ⅱ）此类令状的副本；

（b）如引渡犯罪为被引渡人员已经被定罪的犯罪，则为能够证明以下事项的文件——

（ⅰ）定罪；及

（ⅱ）所处判决或有意作出判决（如相关）；及

（ⅲ）所处判决尚未执行的范围（如相关）；

（c）无论何种犯罪，列明以下内容的宣誓文书——

（ⅰ）该罪罪状及可处刑罚的描述；以及

（ⅱ）构成该犯罪的犯罪行为。

对比：1965年第44条法律第6条第（1）款；《1988年引渡法》第19条第（3）款（已调整）。

第18条第（1）款：2002年12月19日由《2002年引渡法修正案（第2号）》（2002年第64号法律）第4条第（1）款修改。

第18条第（4）款（a）项（ⅰ）：2002年12月19日由《2002年引渡法修正案（第2号）》（2002年第64号法律）第4条第（2）款替代。

19. 部长可以要求签发逮捕令

（1）如果依照本法第18条之规定提出了引渡请求，部长可以书面形式通知地区法院法官引渡请求业已提出，并要求该法官签发令状以将某人逮捕。

（2）接到以上第（1）款规定要求后，地区法院法官可以签发规定形式的令状将某人逮捕，如地区法院法官根据呈递给他的资料认为——

（ⅰ）该人处于、被怀疑处于新西兰境内或正在前往新西兰的途中；及

（ⅱ）有合理依据确信就引渡国家而言该人属于可引渡人员且引渡请求所依据的犯罪属于引渡犯罪。

（3）部长可以，在其认为适当的情况下，拒绝依照本条之规定向地区法院法官作出通知。

对比：1965年第44号法律第6条第（2）款。

20. 可以签发临时逮捕令

（1）地区法院法官可以签发规定形式的临时令状以将某人

逮捕，如该法官根据呈递给他的资料认为——

（a）在引渡国家已经由法院、法官或其他该国法律规定的有权签发令状人员签发了逮捕某人的令状；及

（b）该人处于、被怀疑处于新西兰境内或正在前往新西兰的途中；及

（c）有合理依据确信就引渡国家而言该人属于可引渡人员且引渡请求所依据的犯罪属于引渡犯罪；以及

（d）有紧急签发逮捕令的需要或必要。

（2）即使在没有提出引渡请求的情况下，也可以依照本条之规定签发令状。

对比：1965 年第 44 号法律第 7 条第（1）款（b）项。

第 20 条第（1）款（a）项：2002 年 12 月 19 日由《2002 年引渡法修正案（第 2 号）》（2002 年第 64 号法律）第 5 条替代。

21. 通报部长

（1）如果地区法院法官依照以上第 20 条之规定签发临时令状，令状申请人必须将这一情况向部长报告。

（2）令状申请人在向部长提交的报告中必须附有引渡国家签发的令状副本及申请人向地区法院提交的其他书面证据。

（3）接到以上第（1）款规定之报告后，部长可以，在其认为适当的情况下，命令中止引渡程序。

（4）在部长命令中止引渡程序的情况下，其可以撤销任何令状并命令将依照该令状被逮捕的人员释放。

（5）部长须将依照以上第（3）款或第（4）款规定所采取的行动通知该地区法院。

对比：1965 年第 44 号法律第 7 条第（2）款、第（3）款。

22. 法院职权

(1) 在本章规定的诉讼程序中,除本法或依照本法第 102 条之条款制定的规章明确规定外,——

(a) 法院具有,与被指控在新西兰法域内实施的可起诉犯罪所进行的举证程序相同的管辖权和权力,且必须以同样方式进行;并且

(b) 以下规定,在有效期内并经必要修改适用于上述程序:

(ⅰ)《1957 年简易程序法》第 5 章、第 5A 章以及第 203 条、第 204 条和第 206 条;

(ⅱ)《2000 年保释法》第 1 章(第 9 条至第 12 条除外)、第 2 章和第 4 章;

(ⅲ)《2003 年刑事诉讼(智力障碍人士)法》。

(2) 尽管有《1957 年简易程序法》第 5 条之规定,由多名治安法官或一名或多名社区治安官组成的地区法院法庭无权依照本章规定进行诉讼。

(3) 尽管有《1957 年简易程序法》第 46 条第(1)款及第(2)款(依该法第 157 条规定适用)及《2000 年保释法》第 28 条第(2)款之规定,只有法官有权依照本章决定将某人还押或保释。

(4) 本条所列法律(除本法,本法各条款、各章节以及根据本法所制定的规章之外)必须按照《2011 年刑事诉讼法》第 394 条所定义的生效之日当时的含义来理解。

对比:1965 年第 44 号法律第 8 条第(1)款、第(4)款。

第 22 条第(1)款(a)项:2009 年 6 月 29 日由《2008 年简易程序法修正案(第 2 号)》(2008 年第 41 号法律)第 18 条修改。

第 22 条第(1)款(b)项：2001 年 1 月 1 日由《2000 年保释法》(2000 年第 38 号法律)第 74 条第(2)款替代。

第 22 条第(1)款(b)项(ⅲ)：2004 年 9 月 1 日由《2003 年刑事诉讼(智力障碍人士)法》(2003 年第 115 号法律)第 51 条替代。

第 22 条第(2)款：2017 年 3 月 1 日由《2016 年地区法院法》(2016 年第 49 号法律)第 261 条修改。

第 22 条第(3)款：2002 年 12 月 19 日由《2002 年引渡法修正案》(2002 年第 64 号法律)第 6 条替代。

第 22 条第(3)款：2009 年 6 月 29 日由《2008 年简易程序法修正案(第 2 号)》(2008 年第 41 号法律)第 18 条修改。

第 22 条第(4)款：2013 年 7 月 1 日由《2011 年刑事诉讼法》(2011 年第 81 号法律)第 413 条新增。

23. 逮捕后程序

(1) 依照本法第 19 条或第 20 条之规定签发令状将某人逮捕后，除非不久又将其释放，否则必须尽快将其带至法庭。

(2) 该人——

(a) 不必然拥有保释权；且

(b) 未经保释不得释放。

(3) 如果法庭将该人保释，可在《2000 年保释法》第 31 条第(1)款至第(3)款规定可对被保释人员采取的保释措施(依照该法第 49 条适用)基础上，附加法庭认为适当的任何额外保释措施。

(4) 在依照本法第 20 条之规定所签发的临时令状将某人逮捕的情况下，以下规定适用：

(a) 在法院收到，部长以书面形式通知其已收到依照本法第 18 条之规定向部长递交的引渡请求前，不得继续庭审程序；

(b) 等候部长通知期间，诉讼程序可以不定期延期；

（c）如果法庭没有收到通知——

（ⅰ）在新西兰与引渡国家间生效引渡条约规定期限内；或者

（ⅱ）在引渡条约中没有规定期限或者不存在生效引渡条约的情况下，由法庭确定的合理期限内——

法庭必须将当事人释放；

（d）法庭可以自行裁量，不定期延长根据以上（c）项（ⅱ）确定的时限。

（5）上述第（3）款之规定中——

（a）《2000 年保释法》第 31 条必须以《2011 年保释法修正案》第 7 条生效当时的含义理解；并且

（b）《2000 年保释法》第 49 条必须以《2011 年刑事诉讼法》第 394 条所定义的生效日期当时的含义理解。

对比：1965 年第 44 号法律第 8 条第（2）款、第（3）款。

第 23 条第（3）款：2001 年 1 月 1 日由《2000 年保释法》（2000 年第 38 号法律）第 74 条第（2）款替代。

第 22 条第（5）款：2013 年 7 月 1 日由《2011 年刑事诉讼法》（2011 年第 81 号法律）第 413 条新增。

24. 决定是否引渡

（1）服从于以上第 23 条第（4）款之规定，如果某人依照本章规定被带至法庭，法庭必须就引渡请求所依据的一项或多项犯罪，决定是否应将其引渡。

（2）服从于以下第（3）款、第（4）款之规定，某人就引渡请求所依据的一项或多项犯罪应当被引渡，如果——

（a）与引渡犯罪有关的支持文件［如本法第 18 条第（4）款

之规定所列]已经提交给法庭;且

(b) 如果——

(ⅰ) 服从于向法庭提交证据的任何限制、前提、例外或资格,本法适用于该引渡国家;或者

(ⅱ) 在新西兰与引渡国家之间有生效引渡条约要求向法庭提交其他任何证据——

证据已经提交给法庭,且

(c) 法庭认为就引渡国家而言该罪属于引渡犯罪;且

(d) 法庭认为向法庭提交的证据或在庭审中出示的证据,依照新西兰法律,但服从于本法规定,——

(ⅰ) 在某人被指控犯有引渡犯罪的情况下,如果构成犯罪的行为发生在新西兰法域内,应当对其进行审判;或者

(ⅱ) 在某人已经因引渡犯罪被定罪的情况下,能够证实其被定罪的理由。

(3) 某人不得被引渡,如该人使法庭相信——

(a) 针对该人的引渡请求适用于本法第7条规定的禁止性限制条件;或者

(b) 除本法第30条第(2)款(ab)项所列事项外,针对该人的引渡请求不符合新西兰与引渡国家间的(如果有的话)引渡条约规定。

(4) 法庭可以决定不得将某人引渡,如果该人能够使法庭相信本法第8条规定之裁量性限制条件对其适用。

(5) 以上第(3)款、第(4)款之规定服从于本法第105条之规定。

(6) 不妨碍法庭可以延期审理的情形,如果——

(a) 一份或多份具有程序缺陷的文件提交给法庭;且

(b) 法庭认为该缺陷性质并不严重,——

法庭可以延期审理直至其认为修复缺陷所需的合理期限。

对比: 1965 年第 44 条法律第 10 条;《1988 年引渡法》第 19 条第(2)款、第(4)款(已调整)。

第 24 条第(3)款(b)项: 2002 年 12 月 19 日由《2002 年引渡法修正案(第 2 号)》(2002 年第 64 号法律)第 7 条修改。

25. 豁免国家可以在庭审中提交案件记录

(1) 为依照以上第 24 条第(2)款(d)项(ⅰ)作出裁决之目的,豁免国家或者豁免国家的代表可以向法庭提交案件记录。

(2) 案件记录必须由豁免国家的调查机关或检察官准备且必须包含以下内容——

(a) 已经取得的能够支持引渡请求的全部证据的概述;及

(b) 其他相关文件,包括文件的照片及复印件。

(3) 案件记录可被采纳为证据,如果附有——

(a) 视情况而定,由调查机关官员或检察官所作的宣誓证言,声明案件记录由该调查官或检察官准备,或在该调查官或检察官指导下准备,以及有关证据已经被保存用于对被引渡人员的审判;及

(b) 以下第(3A)款所列人员出具的证明,声明在其看来,案件记录显示存在足以证明依豁免国家法律应予起诉的证据。

(3A) 以上第(3)款(b)项所提到的人员为——

(a) 豁免国家的总检察长、首席大法官,或总检察长、首席大法官的副手或代表;或者

(b) 任何其他依照豁免国家法律规定有权对起诉决定进行

监督的人员。

（4）本条规定内容——

（a）概不妨碍豁免国家根据本法规定满足第24条第（2）款（d）项（ⅰ）适用于非豁免国家的条件；或者

（b）概不限制任何引渡庭审程序中的证据采纳。

（5）收到上述第3款（b）项规定证明的法庭必须向在证明上具名的第（3A）条所列人员进行司法告知。

第25条第（3）款（b）项：2002年12月19日由《2002年引渡法修正案（第2号）》（2002年第64号法律）第8条第（1）款替代。

第25条第（3A）款：2002年12月19日由《2002年引渡法修正案（第2号）》（2002年第64号法律）第8条第（2）款新增。

第25条第（5）款：2002年12月19日由《2002年引渡法修正案（第2号）》（2002年第64号法律）第8条第（3）款替代。

26. 法庭决定是否引渡后的程序

（1）如果法庭依照本法第24条之规定决定应将某人引渡，则必须——

（a）签发将其羁押于监狱或本法第27条或《1957年简易程序法》第184T条第（3）款规定场所的令状，以待向引渡国家引渡或依法将其释放；及

（b）对法庭据以认定被引渡人员应被引渡的一个或多个引渡犯罪作出书面记录；及

（c）将羁押令状副本和根据上述（b）项规定所作记录，连同申请书副本、庭审中提交给法庭的任何其他证据、已提交给法庭但尚未转交部长的任何其他材料以及法庭认为适当的关于案件的报告，一并呈送部长；以及

(d) 告知被引渡人员——

(ⅰ) 服从于本法第 71 条之规定,在羁押令状签发后 15 日期限届满前不会将其引渡;及

(ⅱ) 在此期间被引渡人员有权申请人身保护令;及

(ⅲ) 被引渡人员有权依照本法第 8 章之规定提起上诉。

(2) 如果法庭依照以上第(1)款之规定签发令状,法庭可以准许被引渡人员保释。

(3) 如果法庭准许被引渡人员保释,可以在《2000 年保释法》第 31 条第(1)款至第(3)款规定(依照本法第 52 条规定适用)外,附加法庭认为适当的任何保释条件。

(4) 如果法庭认为被引渡人员不应依照本法第 24 条之规定引渡,必须将其释放,除非依照本法第 70 条第(1)款之规定命令继续将其羁押,或签发逮捕令和羁押令以待依照本法第 8 章之规定提出上诉的裁决结果。

(5) 除本法外的其他法律以及上述第(1)款(a)项所列条款必须以《2011 年刑事诉讼法》第 394 条所定义的生效之日当时的含义理解。

(6) 上述第(3)款中,——

(a)《2000 年保释法》第 31 条必须以《2011 年保释法修正案》第 7 条生效之日当时的含义理解;且

(b)《2000 年保释法》第 52 条必须以《2011 年刑事诉讼法》第 394 条所定义的生效之日当时的含义理解。

对比: 1965 年第 44 号法律第 10 条。

第 26 条第(1)款(a)项: 2009 年 6 月 29 日由《2008 年简易程序法修正案(第 2 号)》(2008 年第 41 号法律)第 18 条修改。

第 26 条第(1)款(a)项：2005 年 6 月 1 日由《2004 年教养法》(2004 年第 50 号法律)第 206 条修改。

第 26 条第(3)款：2001 年 1 月 1 日由《2000 年保释法》(2000 年第 38 号法律)第 74 条第(2)款替代。

第 26 条第(5)款：2013 年 7 月 1 日由《2011 年刑事诉讼法》(2011 年第 81 号法律)第 413 条新增。

第 26 条第(6)款：2013 年 7 月 1 日由《2011 年刑事诉讼法》(2011 年第 81 号法律)第 413 条新增。

27. 监狱以外场所的羁押

如果法庭依照本章规定命令在任何期限内将某人羁押，但结合实际情况在法庭看来，在监狱羁押可能危及该人生命或致其健康遭受严重风险，法庭可以命令将其羁押于——

(a) 该人当时所处场所；或者

(b) 在法庭看来可以不危及该人生命或健康的其他任何场所，——

直至可以，在没有此类危险或风险的情况下，将其羁押于监狱、将其引渡或依法释放的合理期间。

第 27 条标题：2005 年 6 月 1 日由《2004 年教养法》(2004 年第 50 号法律)第 206 条修改。

第 27 条：2005 年 6 月 1 日由《2004 年教养法》(2004 年第 50 号法律)第 206 条修改。

同意引渡

28. 同意引渡

(1) 被引渡人员可以随时通知法庭，其本人同意就引渡请求所依据的一项或多项引渡犯罪被引渡至引渡国家。

(2) 如果某人依照以上第(1)款之规定就引渡请求向法庭

作出通知,那么,尽管有本法第 24 条之规定,但服从于以下第(3)款之规定,法庭必须——

(a) 签发将其羁押于监狱或本法第 27 条或《1957 年简易程序法》第 184T 条第(3)款授权场所的令状以待引渡;及

(b) 以书面形式对被引渡人员同意引渡的一项或多项引渡犯罪作出记录;以及

(c) 将羁押令状副本和根据上述(b)项规定所作记录,连同申请书副本、庭审中提交给法庭的任何其他证据、已提交给法庭但尚未转交部长的任何其他材料及法庭认为适当的关于案件的报告,一并呈送部长。

(3) 法庭不得采取上述第(2)款规定行动除非——

(a) 被引渡人员就一项或多项引渡犯罪同意引渡的意思表示系当庭所作;且

(b) 被引渡人员在诉讼中得到合法代理;且

(c) 法庭认为被引渡人员基于自由意志在完全知悉后果的情况下作出同意。

(4) 以上第(1)款至第(3)款之规定概不妨碍某人在法庭根据本法第 26 条之规定指令将其羁押后,通知部长其同意被引渡。

(5) 如果法庭根据第(2)款规定具结令状,可以准许被引渡人员保释。

(6) 如果法庭准许将被引渡人员保释,可以在《2000 年保释法》第 31 条第(1)款至第(3)款之规定(依本法第 52 条规定适用)外,附加任何法庭认为适当的保释条件。

(7) 除本法外的其他法律以及上述第(2)款(a)项所列条

款必须以《2011 年刑事诉讼法》第 394 条所定义的生效之日当时的含义理解。

(8) 上述第(6)款中,——

(a)《2000 年保释法》第 31 条必须以《2011 年保释法修正案》第 7 条生效之日当时的含义理解;以及

(b)《2000 年保释法》第 52 条必须以《2011 年刑事诉讼法》第 394 条所定义的生效之日当时的含义理解。

对比:《1988 年引渡法》第 18 条(已调整)。

第 28 条第(2)款(a)项: 2009 年 6 月 29 日由《2008 年简易程序法修正案(第 2 号)》(2008 年第 41 号法律)第 18 条修改。

第 28 条第(2)款(a)项: 2005 年 6 月 1 日由《2004 年教养法》(2004 年第 50 号法律)第 206 条修改。

第 28 条第(6)款: 2001 年 1 月 1 日由《2000 年保释法》(2000 年第 38 号法律)第 74 条第(2)款替代。

第 28 条第(7)款: 2013 年 7 月 1 日由《2011 年刑事诉讼法》(2011 年第 81 号法律)第 413 条新增。

第 28 条第(8)款: 2013 年 7 月 1 日由《2011 年刑事诉讼法》(2011 年第 81 号法律)第 413 条新增。

非引渡犯罪的同意引渡

29. 非引渡犯罪的同意引渡

(1) 如果——

(a) 以下条件二者择一——

(ⅰ) 法庭依照本法第 24 条之规定决定应就一项或多项引渡犯罪将某人引渡至引渡国家;或者

(ⅱ) 某人依照本法第 28 条之规定同意就一项或多项引渡犯罪被引渡至引渡国家;且

(b) 引渡国家还就该人的一项或多项非引渡犯罪提出引渡请求,——

法庭必须询问被引渡人员是否同意就一项或任何非引渡犯罪被引渡至引渡国家。

(2) 如果被引渡人员依照本条规定同意就以上第(1)款(b)项提及的一项或多项非引渡犯罪被引渡,法庭必须以书面形式将被引渡人员就一项或多项非引渡犯罪同意引渡的情况报告部长。

(3) 法庭不得依照上述第(2)款之规定向部长作出报告除非——

(a) 被引渡人员就一项或多项非引渡犯罪同意引渡的意思表示系当庭所作;且

(b) 被引渡人员在诉讼中得到合法代理;且

(c) 法庭认为被引渡人员基于自由意志在完全知悉后果的情况下作出同意。

对比:《1988 年引渡法》第 18 条(已调整)。

引渡和临时引渡

30. 部长必须决定是否引渡

(1) 如果法庭依照本法第 26 条第(1)款(a)项或本法第 28 条第(2)款(a)项之规定签发了羁押某人的令状,部长必须依照本条规定决定是否将其引渡。

(2) 部长不得决定将被引渡人员引渡——

(a) 如果部长认为适用本法第 7 条规定的禁止性限制条件;或者

（ab）如果部长认为适用新西兰与引渡国家间引渡条约规定的禁止性限制条件；或者

（b）如果在部长看来有实质性理由确信被引渡人员在引渡国家有承受酷刑的危险；或者

（c）如果被引渡人员为新西兰公民，且——

（ⅰ）新西兰与该引渡国家间存在生效引渡条约；或者

（ⅱ）针对该引渡国家存在依照本法第16条之规定颁布的议会法令；或者

（ⅲ）虽然没有可适用的条约或议会法令，但新西兰与引渡国家间存在就引渡事项所作的承诺或安排，——

规定新西兰公民不得引渡。

（3）部长可以决定不引渡，如果——

（a）在部长看来被引渡人员可能被或已经被引渡国家的主管部门判处死刑，且引渡国家不能向部长充分保证——

（ⅰ）被引渡人员不被判处死刑；或者

（ⅱ）在正在作出或已经作出死刑判决的情况下，死刑不会被执行；或者

（b）在部长看来，适用本法第8条规定的裁量性限制条件；或者

（c）如果被引渡人员为新西兰公民，且——

（ⅰ）新西兰与该引渡国家间存在生效引渡条约，该条约不排除对新西兰公民的引渡；或者

（ⅱ）针对该引渡国家存在依照本法第16条之规定颁布的议会法令，该法令不排除对新西兰公民的引渡；或者

（ⅲ）虽然没有可适用的条约或议会法令，但新西兰与引渡

国家间存在就引渡事项所作的承诺或安排，不排除对新西兰公民的引渡——

但部长认为，考虑到案件的全部情节，将其引渡不利于正义的实现；或者

（d）在不限制本法第32条第（4）款的情况下，部长认为被引渡人员具有某种紧迫或异常情况，包括但不限于与其年龄或健康相关的情形，导致将其引渡会造成不公正或压迫；或者

（e）部长认为不应将其引渡的其他任何原因。

（4）即使某人同时为新西兰公民和引渡国家公民，上述第（3）款（c）项仍然适用。

（5）部长不得决定引渡除非依照——

（a）引渡国家相关法律；或者

（b）新西兰与引渡国家间生效引渡条约的规定；或者

（c）引渡国家向新西兰所作承诺——

该人，被引渡至该国后，除非已经离开或有机会离开该国，否则不会——

（d）因引渡前实施的或被指控于引渡前实施的犯罪，在该国受到羁押或审判，以下犯罪除外——

（ⅰ）针对被引渡人员提出引渡请求所涉及的引渡犯罪；或者

（ⅱ）在证明构成引渡请求所涉引渡犯罪的犯罪行为过程中，可以认定的具有同等或较低最高刑的其他任何犯罪；或者

（ⅲ）部长同意羁押或审判的与引渡国家有关的引渡犯罪（非引渡国家提出引渡请求的犯罪）；或者

（ⅳ）被引渡人员依本法第29条之规定同意被引渡的犯罪（非引渡犯罪）；或者

（e）为被控实施于向引渡国家引渡之前且非经部长同意羁押和引渡的犯罪，而向第三国引渡以接受审判或刑罚之目的，在引渡国家被羁押。

（6）为根据本条之规定决定是否将某人引渡之目的，部长可以向引渡国家寻求其认为适当的任何承诺。

对比：《1881 年逃犯法》第 29A 条第（3）款、第（4）款（生效中）；1965 年第 44 号法律第 5 条第（1）款（c）项、第（2）款，第 5A 条；《1988 年引渡法》第 22 条第（3）款、第（4）款（已调整）。

第 30 条第（2）款（ab）项：2002 年 12 月 19 日由《2002 年引渡法修正案（第 2 号）》（2002 年第 64 号法律）第 9 条新增。

31. 引渡令

（1）如果部长根据本法第 30 条之规定决定引渡，服从于本法第 32 条第（2）款（b）项之规定，除非部长已签发临时引渡令，否则必须签发引渡令。

（2）部长不得签发引渡令——

（a）直至依照本法第 26 条之规定所签发的羁押某人的令状，自签发之日起 15 日期限届满；或者

（b）针对依照本法所作裁决提起上诉、申请重审或申请人身保护令，或者就任何此类上诉或申请提出的上诉处于未决状态，直至诉讼程序得到终局裁决且结果为被引渡人员应予引渡，——

以时间在后者为准。

（3）上述第（2）款之规定概不适用于——

（a）被依照本法第 28 条第（2）款之规定签发令状的人员；或者

(b) 法庭依照本法第 26 条之规定签发了羁押某人的令状之后，通知部长其本人同意引渡的人员；或者

(c) 依照本法第 71 条之规定放弃以下权利的人员——

(ⅰ) 在令状签发之日起 15 日内申请人身保护令的权利；及

(ⅱ) 就法庭据以认定某人符合引渡资格的各项犯罪依照本法第 8 章之规定提出上诉的权利；或者

(d) 法庭已经裁定应就 2 项或多项犯罪将其引渡且依照本法第 71 条之规定放弃以下权利的人员——

(ⅰ) 在令状签发之日起 15 日内申请人身保护令的权利；及

(ⅱ) 仅就其中一项或部分犯罪根据本法第 8 章之规定申请上诉的权利，——

如若引渡国家针对该人放弃权利所涉犯罪之外的一项或几项犯罪撤销引渡请求。

(4) 如果部长对上述第 2 条第(4)款(a)至(e)项所列人员签发引渡令，部长可以安排引渡前所需的任何同意、授权和许可，包括判决的变更、撤销或延期，或是任何判决条件的变更、撤销或延期。

32. 有关引渡令的进一步规定

(1) 以下第(2)款之规定适用，如果——

(a) 引渡请求所依据的引渡犯罪已经在引渡国家被定罪；且

(b) 部长已经依照本法第 30 条之规定决定引渡——

但被引渡人员因违反新西兰法律规定的犯罪被判处监禁应在监狱羁押。

(2) 如本款规定适用,部长可以——

(a) 签发将于被引渡人员羁押期限届满之日起生效的引渡令;或者

(b) 拒绝签发引渡令。

(3) 以下第(4)款之规定适用,如果——

(a) 部长已经依照第30条之规定决定就其他所有方面而言该人应予引渡;但是

(b) 在部长看来,被引渡人员具有包括但不限于与其年龄或健康相关的某种紧迫或异常情况,导致在特定期限届满前将其引渡会造成不公正或压迫。

(4) 如本款规定适用,部长可以签发引渡令,并具明将于引渡令中指定的期限届满后生效。

(5) 部长在依照以上第(4)款之规定签发引渡令后,可以随时变更引渡令中指定的期限,或撤销引渡令。

对比: 1965年第44号法律第11条第(1)款;《1988年引渡法》第23条(已调整)。

第32条第(1)款: 2005年6月1日由《2004年教养法》(2004第50号法律)第206条修改。

33. 向引渡国家临时引渡

(1) 以下第(2)款之规定适用,如果——

(a) 引渡请求所依据的犯罪为被引渡人员受到指控的犯罪;且

(b) 部长已经依照本法第30条之规定决定引渡——

但被引渡人员因违反新西兰法律规定的犯罪被判处监禁应在监狱羁押。

（2）如本款规定适用，部长可以签发临时引渡令，如果部长认为——

（a）依照本条规定签发引渡令有利于实现正义；且

（b）引渡国家已经就以下事项作出了适当承诺——

（ⅰ）引渡国家针对引渡人员被指控且据以提出引渡请求的引渡犯罪的审判正在进行；及

（ⅱ）将该人遣送新西兰；及

（ⅲ）在前往、离开以及在引渡国家停留期间确保被引渡人员的羁押；以及

（ⅳ）部长认为适当的（如果有的话）任何其他事项。

（3）如果正在服刑的被引渡人员从新西兰监狱释放，并且依照本条规定的临时引渡令引渡，在其因引渡程序接受羁押期间（包括在新西兰法域外羁押），该人被视为持续服刑。

（4）如果，被引渡人员因临时引渡令在引渡国家停留期间，不再需要受新西兰羁押，部长必须通知引渡国家，无需继续履行根据上述第（2）款（b）项所作承诺。

对比：1992年第86号法律第41条；《1988年引渡法》第24条第（1）款、第（4）款（已调整）。

第33条第（1）款：2005年6月1日由《2004年教养法》（2004年第50号令）第206条修改。

第33条第（3）款：2005年6月1日由《2004年教养法》（2004年第50号令）第206条修改。

34. 请求临时引渡后遣送

（1）如果——

（a）某人被依照临时引渡令引渡至引渡国家；且

（b）被引渡人员将依照本法第33条第(2)款(b)项(ⅱ)之规定所作承诺被遣送新西兰；且

（c）引渡国家在被引渡人员应于新西兰监狱羁押期限届满前的任意时间提出请求，在被引渡人员于新西兰监狱羁押期限届满时，将该人引渡至引渡国家，执行在临时引渡过程中对其判处的刑罚，——

部长可以，服从于以下第(2)款之规定，对其签发引渡令。

（2）在依照上述第(1)款之规定所签发的引渡令之前，部长须根据本法第30条第(2)款至第(6)款之规定所列理由决定是否引渡。

（3）如果依照本条规定签发引渡令，引渡令依照本法第67条之规定于被引渡人员被判处的应于新西兰监狱羁押期限届满当日生效。

对比：《1988年引渡法》第25条(已调整)。

第34条第(1)款(c)项：2005年6月1日由《2004年教养法》(2004年第50号令)第206条修改。

第34条第(3)款：2005年6月1日由《2004年教养法》(2004年第50号令)第206条修改。

释　放

35. 部长拒绝引渡情况下的释放

如果部长依照以上第30条之规定决定某人不得被引渡，或是依照以上第32条第(2)款(b)项或第33条之规定拒绝签发引渡令，除该人依其他令状被羁押外，必须立即将其释放。

对比：《1988年引渡法》第22条第(5)款(已调整)。

36. 2 个月内未引渡情况下的释放

（1）如果自以下期限起 2 个月内，某人没有依照本章之规定所签发的引渡令或临时引渡令被引渡和押解出新西兰，本条规定适用——

（a）自依照本法第 26 条或本法第 28 条第（2）款之规定将某人羁押以待引渡的令状签发之日起，如果没有就本章之规定所作决定提起上诉、申请再审或人身保护令，或是任何就此类上诉或申请提出的上诉处于未决状态；或者

（b）如果针对依照本章之规定所作决定提出上诉、再审申请或人身保护令，或是任何就此类上诉或申请提出的上诉处于未决状态，在相关诉讼程序作出终局裁决之日起；或者

（c）如果依照本法第 32 条第（2）款（a）项或本法第 32 条第（4）款之规定签发引渡令，自引渡令生效之日起。

（2）如果本条适用，被引渡人员可以向高等法院法官提出释放申请。

（3）如果依照上述第（2）款之规定提出释放申请，法官可以在有证据证明已将申请意愿向部长作出合理通知的情况下，除非有足够理由表明不应释放，——

（a）视情况而定，撤销引渡令或临时引渡令；及

（b）命令将被引渡人员从其被羁押场所释放，如果被引渡人员不受任何其他令状的羁押。

（4）尽管有上述第（1）款之规定，不得依照本条签发释放某人的令状，如果——

（a）针对被引渡人员已经向法庭另行提出本法规定的引渡

请求且法庭已经收到该引渡请求——

（ⅰ）在上述第(1)款(a)项规定令状签发当日或之前；或者

（ⅱ）如果已经提出上述第(1)款(b)项所提到的申请或上诉的，在上诉或申请终局裁决作出当日或之前；以及

(b) 尚未作出是否就此引渡请求将被引渡人员引渡的最终决定。

(5) 为上述第(4)款之目的，**引渡请求**包括为第4章之规定背书所签发的令状。

对比：1965年第44号法律第12条。

第36条第(4)款：2002年12月19日由《2002年引渡法修正案(第2号)》(2002年第64号法律)第10条增加。

第36条第(5)款：2002年12月19日由《2002年引渡法修正案(第2号)》(2002年第64号法律)第10条增加。

37. 无需再引渡情况下的释放

(1) 如果某人已经按依照本法第33条之规定所签发的临时引渡令被引渡，本法第36条之规定概不妨碍依照本法第34条之规定签发令状。

(2) 以下第(3)款规定适用，如果已经依照本法第34条之规定签发令状，且被引渡人员依照本章之规定，自按照新西兰法庭判决所处刑罚应予羁押期限届满之日起2个月内，没有被引渡和押解出新西兰。

(3) 如果本款规定适用，被引渡人员可向高等法院法官提出释放申请。

(4) 如果已经依照上述第(3)款之规定提出释放申请，法官可以，在确认已将申请意愿合理通知部长的情况下，除非有足

够理由表明不应释放，——

（a）撤销引渡令；及

（b）命令将被引渡人员从其被羁押场所释放，如果被引渡人员不应依据任何其他令状受到羁押。

释放不妨碍进一步诉讼

38. 本章规定的释放不妨碍进一步诉讼

为避免疑问，依照本章或任何已被本法废除的法律之规定将某人释放不妨碍依照本法规定采取进一步诉讼，无论是否基于依本法寻求引渡的同一行为。

第4章
由新西兰引渡至澳大利亚及指定国家

本章规定的适用

39. 本章规定的适用

本章规定适用于——

（a）澳大利亚；及

（b）任何指定国家。

指定国家

40. 指定国家

（1）总督可以不时，经部长提议颁布议会法令，宣布任何英联邦国家或议会法令中列明的非英联邦国家为指定国家，并服从于议会法令中可能规定的任何限制、条件、例外或资格，将本章适用于该国。

（2）如果在本法生效后，新西兰与其他国家缔结引渡条约（包括新西兰与该国之间之前已经生效的条约的修订或替代），总督可以，经部长提议颁布议会法令，宣布该国（如果条约只适用于该国部分领土的，就该部分领土）为指定国家。

（3）部长不得依照上述第（1）款或（2）款之规定提议颁布议会法令，除非部长认为满足以下条件——

（a）指定国家就以下犯罪可以将某人逮捕的条件——

（ⅰ）被指控违反该国法律的犯罪；或者

（ⅱ）违反该人被定罪国法律的犯罪——

（为最高刑不低于12个月监禁或任何更重刑罚的犯罪）效力上相当于，如果被指控犯罪发生在新西兰法域内或被引渡人员已经在新西兰被定罪，在新西兰可以将某人逮捕的情形；且

（b）在新西兰因新西兰或指定国家的引渡犯罪受到指控或定罪人员，如果在该国或该国法域内被发现，可以被遣送新西兰；且

（c）如果因引渡犯罪在指定国家被指控或定罪人员被新西兰引渡，该人不会因在引渡之前实施或被指控在引渡之前实施的任何犯罪在该国受到羁押或审判，引渡请求所依据的犯罪或者任何在证明引渡请求所依据的犯罪事实过程中可以认定的，与该罪具有同等或较轻刑罚的犯罪除外，除非——

（ⅰ）被引渡人员已经离开，或曾有机会离开该指定国家；或者

（ⅱ）部长同意被引渡人员就其他特定犯罪受到审判或羁押；以及

(d) 如果在该国（本款中专指**指定国家**）受到犯罪指控或定罪人员被新西兰引渡，不得为引渡至第三国，以就任何在引渡至指定国家前实施或被指控于引渡之前实施的犯罪接受审判或服刑之目的在该国被羁押，包括与原引渡请求有关的犯罪及在证明原引渡请求所依据的犯罪事实过程中可能被认定的其他任何犯罪，除非——

（ⅰ）被引渡人员已经离开，或曾有机会离开指定国家；或者

（ⅱ）部长同意将被引渡人员在指定国家羁押以及就任何特定犯罪将其引渡至其他任何特定国家。

(4) 上述第(3)款之规定不限制部长就其个人认为适当的，有关是否提议制订第(1)款或第(2)款规定的议会法令的其他任何事项作出裁量。

(5) 根据上述第(1)款或第(2)款之规定颁布的议会法令可以规定，针对新西兰公民提出引渡请求的，法庭不得依本法第48条第(1)款(a)项之规定将案件提交给部长。

(6) 如果新西兰与该国之间存在生效引渡条约，——

(a) 根据上述第(2)款之规定颁布的议会法令必须重申条约的有效期；且

(b) 议会法令至引渡条约失效之日起停止其效力。

(7) 依照本条规定颁布的议会法令属《2012年立法法》含义下的立法性文件和非许可性文件，必须依照该法第41条之规定呈送众议院。

第40条第(2)款：2002年6月18日由《2002年引渡法修正案》(2002

年第 21 号法律)第 4 条修改。

第 40 条第(7)款: 2013 年 8 月 5 日由《2012 年立法法》(2012 年第 119 号法律)第 77 条第(3)款替代。

引渡程序

41. 引渡国家签发令状的背书

(1) 如果引渡国家法院、法官或其他依该国法律有权签发令状人员签发的逮捕引渡人员的令状,已提交给地区法院法官,并且该法官认为——

(a) 被引渡人员处于、被怀疑处于或正在前往新西兰的途中;且

(b) 有合理理由确信——

(ⅰ) 被引渡人员就引渡国家而言属可引渡人员;且

(ⅱ) 引渡请求所依据的犯罪属引渡犯罪,——

法官可依法定形式对逮捕某人的令状进行背书,授权该令状在新西兰的执行。

(2) 根据本章规定,任何警员可依上述第(1)款之规定背书的逮捕某人的令状执行逮捕。

对比:《1881 年逃犯法》第 13 条(生效中);《1988 年引渡法》第 28 条(已调整)。

第 41 条第(1)款: 2002 年 12 月 19 日由《2002 年引渡法修正案(第 2 号)》(2002 年第 64 号法律)第 11 条修改。

第 41 条第(2)款: 2008 年 10 月 1 日根据《2008 年警察法》(2008 年第 72 号法律)第 116 条(a)项(ⅱ)修改。

42. 在新西兰签发临时逮捕令

(1) 地区法院法官可依法定形式签发临时逮捕某人的令

状,如果法官根据呈送其本人的证据认为——

(a) 引渡国家法院、法官或其他依该国法律有权签发令状人员已经签发了逮捕某人的令状;且

(b) 被引渡人员处于、被怀疑处于或正在前往新西兰的途中;且

(c) 有合理理由确信被引渡人员就引渡国家而言属可引渡人员,且引渡请求所依据的犯罪属引渡犯罪;以及

(d) 有紧急签发逮捕令的必要或需要。

(2) 即使有以下情形仍然可以签发上述第(1)款规定之令状——

(a) 授权逮捕某人的令状尚未提请法官依据本法第 41 条之规定背书;或者

(b) 此类令状已经提交给法官,但法官要求进一步提交资料或证据才能依照本法第 41 条之规定背书。

对比:《1881 年逃犯法》第 16 条(生效中);《1988 年引渡法》第 29 条(已调整)。

第 41 条第(1)款(a)项: 2002 年 12 月 19 日由《2002 年引渡法修正案(第 2 号)》(2002 年第 64 号法律)第 12 条修改。

43. 法院职权

(1) 在依照本章之规定进行的诉讼程序中,除本法或依照本法第 102 条制定的规章明确规定外——

(a) 法院具有,与《2011 年刑事诉讼法》规定的,指控在新西兰法域内实施的二级犯罪程序相同的管辖权和权力,且必须以同样方式进行;

(b) 以下规定,在有效期内并经必要修改,适用于上述

程序：

（ⅰ）《2011 年刑事诉讼法》第 14 条、第 35 条、第 157 条至第 175 条、第 5 章第 3 节、第 365 条、第 379 条及依照该法制定的任何相关法庭规则（包括有关送达的规则）；

（ⅱ）《2000 年保释法》第 1 章（第 9 条至第 12 条除外）、第 2 章、第 3 章；

（ⅲ）《2003 年刑事诉讼（智力障碍人士）法》第 38 条至第 44 条。

（2）由 1 名或多名治安法官或社区治安官组成的地区法院法庭无权进行本章规定程序。

（3）尽管有《2011 年刑事诉讼法》第 168 条及《2000 年保释法》第 27 条第（2）款之规定，只有法官可以根据本章规定决定将某人还押或保释。

（4）《2011 年刑事诉讼法》第 167 条至第 169 条及《2000 年保释法》第 28 条、第 30 条至第 33 条、第 35 条、第 37 条至第 39 条、第 44 条、第 45 条、第 52 条之规定在生效期限内并经必要修改，适用于任何依照本法第 46 条、第 52 条或 54 条之规定被羁押的人员。

对比：《1881 年逃犯法》第 5 条（生效中）。

第 43 条：2013 年 7 月 1 日由《2011 年刑事诉讼法》（2011 年第 81 号法律）第 413 条替代。

第 43 条第（2）款：2017 年 3 月 1 日由《2016 年地区法院法》（2016 年第 49 号法律）第 261 条修改。

44. 逮捕后程序

（1）被引渡人员基于依本法第 41 条之规定背书的令状或

临时逮捕令状被逮捕，除非不久即被释放，必须尽快被带至法庭。

（2）被引渡人员——

（a）不必然拥有假释权；且

（b）未经保释不得释放。

（3）如果法庭决定将保释人员保释，可以在《2000 年保释法》第 30 条第（1）款、第（2）款和第（4）款规定的保释条件外，附加法庭认为适当的任何保释条件。

（4）如果某人已经依临时逮捕令状被逮捕且没有引渡国家签发的令状按照本法第 41 条之规定得到背书，以下规定适用：

（a）等待按照本法第 41 条之规定背书令状期间，诉讼程序可以不定期延期；

（b）法庭可以，且在超过合理期限的情况下必须，命令将被引渡人员释放。

对比：《1881 年逃犯法》第 16 条（生效中）；《1988 年引渡法》第 32 条、第 33 条（已调整）。

第 44 条第（3）款：2001 年 1 月 1 日由《2000 年保释法》（2000 年第 38 号法律）第 74 条第（2）款替代。

第 44 条第（3）款：2013 年 7 月 1 日由《2011 年刑事诉讼法》（2011 年第 81 号法律）第 413 条修改。

45. 决定是否引渡

（1）服从于本法第 44 条第（4）款之规定，如果某人依照本章之规定被带至法庭，法庭必须决定是否应就引渡请求所依据的一项或多项犯罪将其引渡。

（2）服从于以下第（3）款和第（4）款之规定，应将某人引渡，如果——

(a) 上述第 41 条第(1)款规定的逮捕某人的令状以及根据该条规定所做的背书已经提交给法庭；并且

(b) 法庭认为——

(ⅰ) 被引渡人员就引渡国家而言属可引渡人员；且

(ⅱ) 引渡请求所涉犯罪就引渡国家而言属引渡犯罪。

(3) 被引渡人员不应被引渡如其可向法庭证明——

(a) 对该人的引渡适用于本法第 7 条规定的禁止性限制条件；或者

(b) 对该人的引渡不符合新西兰与引渡国家间生效引渡条约(如果有的话)的规定。

(4) 法庭可以决定不得将其引渡，如果被引渡人员向法庭证明本法第 8 条规定的裁量性限制条件成立。

(5) 在本条所规定的诉讼程序进行过程中——

(a) 程序相对人本人无权提出，且法庭无权接受，用以反驳指控被引渡人员参与构成引渡请求所涉犯罪的犯罪行为的证据；且

(b) 本条规定概不要求，为确定本法第 24 条第(2)款(d)项(ⅰ)和(ⅱ)规定事项，在庭审过程中提交证据或作证。

(6) 不限制法庭可以延期审判的情形，如果——

(a) 一份或多份含有缺陷或与引渡程序不相关的文件被提交；且

(b) 法庭认为缺陷并不严重——

法庭可以延期审理至法庭认为修复缺陷所需的合理期限。

对比：《1988 年引渡法》第 34 条第(4)款(已调整)。

46. 法庭决定是否引渡后的程序

(1) 如果法庭认为被引渡人员应予引渡,法庭必须——

(a) 具结将被引渡人员羁押于监狱或依本法第 52 条或《2011 年刑事诉讼法》第 169 条授权场所的令状,以待将其引渡至引渡国家或依法将其释放;且

(b) 告知被引渡人员,——

(ⅰ) 服从于本法第 71 条之规定,直至羁押令签发之日起 15 日期限届满前,不得将其引渡;且

(ⅱ) 在此期间被引渡人员有权申请人身保护令;且

(ⅲ) 被引渡人员有权根据本法第 8 章之规定提出上诉。

(2) 如果法庭具结了第(1)款规定令状,法庭可以准许被引渡人员保释。

(3) 如果法庭准许被引渡人员保释,法庭可以在《2000 年保释法》第 30 条第(1)款、第(2)款和第(4)款规定的保释条件外,附加法庭认为适当的任何保释条件。

(4) 如果法庭认为被引渡人员不应被引渡,必须将其释放,除非根据本法第 70 条第(1)款之命令继续羁押,或是具结将其逮捕和羁押的令状,以待根据本法第 8 章所提起的上诉的裁决结果。

第 46 条第(1)款(a)项: 2013 年 7 月 1 日由《2011 年刑事诉讼法》(2011 年第 81 号法律)第 413 条修改。

第 46 条第(1)款(a)项: 2005 年 6 月 1 日由《2004 年教养法》(2004 年第 50 号法律)第 206 条修改。

第 46 条第(3)款: 2001 年 1 月 1 日由《2000 年保释法》(2000 年第 38 号法律)第 74 条第(2)款替代。

第 46 条第(3)款: 2013 年 7 月 1 日由《2011 年刑事诉讼法》(2011 年

第81号法律)第413条修改。

47. 如不提请部长审查法庭须立即签发引渡令

(1) 如果法庭不按照以下第48条第(1)款或第(4)款之规定将案件提交部长审查,法庭必须,在根据上述第46条第(1)款(a)项规定具结羁押某人的令状后,立即对其签发引渡令。

(2) 根据上述第(1)款规定签发的引渡令不发生效力——

(a) 直至令状具结之日起15日期限届满;或者

(b) 如果针对本法规定所作决定,提出上诉、申请复核或申请人身保护令,或是就任何此类上诉或申请提出的上诉处于未决状态,直至该程序得到终局裁决且结果为被引渡人员应予引渡,——

以时间在后者为准。

(3) 上述第(2)款之规定概不适用于——

(a) 法庭依照本法第53条第(2)款(a)项具结令状的人员;或者

(b) 依照本法第71条之规定放弃以下权利的人员——

(ⅰ) 令状签发之日起15日内申请人身保护令的权利;及

(ⅱ) 针对法庭据以认定其应予引渡的各项犯罪依照本法第8章提出上诉的权利;或者

(c) 法庭已经裁定应就2项或多项犯罪将其引渡且依照本法第71条之规定放弃以下权利的人员——

(ⅰ) 令状签发之日起15日内申请人身保护令的权利;及

(ⅱ) 仅就其中一项或部分犯罪依照本法第8章之规定申请上诉的权利,——

如若引渡国家针对被引渡人员弃权所不涉及的一项或几项犯罪撤销引渡请求。

(4) 如果法庭对本法第 2 条第(4)款(a)至(e)项所列人员签发引渡令,法庭可以安排引渡前所需取得的任何同意、授权和许可,包括判决的变更、撤销或延期,或是任何判决条件的变更、撤销或延期。

48. 特定情形下将案件提交部长审查

(1) 如果法庭认为若非存在相反情况则符合引渡条件,但是——

(a) 被引渡人员为新西兰公民;或者

(b) 在法庭看来——

(ⅰ) 有实质性理由确信被引渡人员在引渡国家有遭受酷刑的危险;或者

(ⅱ) 被引渡人员已经或可能被引渡国家的主管部门判处死刑;或者

(c) 在引渡国家就已经定罪的引渡犯罪对某人提出引渡请求的案件中,该人因新西兰法律规定犯罪被判刑且应在新西兰监狱服刑;或者

(d) 在法庭看来,针对该人已经依本法规定提出了另一引渡请求,而且就该引渡请求是否应将其引渡的最终决定尚未作出,——

法庭必须依照以下第(5)款之规定将案件提交部长审查。

(1A) 为上述第(1)款(d)项之目的,**引渡请求**须附有依本章规定提请背书的令状。

(2) 引渡人员同时为新西兰和引渡国家公民的情况下第(1)款(a)项仍然适用。

(3) 法庭无需依照上述第(1)款(a)项将案件提交部长审查,如果——

(a) 澳大利亚为引渡国家;或者

(b) 引渡国家为指定国家且依本法第 40 条规定颁布的议会法令含有本法第 40 条第(5)款之规定所列情形。

(4) 如果——

(a) 在法庭看来,任何本法第 45 条规定的诉讼程序中,——

(ⅰ) 适用或可能适用于本法第 7 章或第 8 章规定的引渡限制条件;或

(ⅱ) 某人具有包括但不限于与其年龄或健康相关的某种紧迫或异常情况,导致在特定期限届满前将其引渡会造成不公正或压迫;但

(b) 法庭认为就其他各方面而言已经符合签发引渡令的条件,——

法庭可以依以下第(5)款之规定将案件提交部长审查。

(5) 如果法庭根据上述第(1)款或第(4)款规定将案件提交部长审查,法庭必须将羁押令副本,连同法庭在庭审中收到的所有其他证据的副本以及法庭认为应当移送的案件报告,一并呈送部长。

第 48 条第(1)款(c)项:2005 年 6 月 1 日由《2004 年教养法》(2004 年第 50 号法律)第 206 条修改。

第 48 条第(1)款(c)项:2002 年 12 月 19 日由《2002 年引渡法修正案(第 2 号)》(2002 年第 64 号法律)第 14 条第(1)款修改。

第 48 条第(1)款(d)项:2002 年 12 月 19 日由《2002 年引渡法修正案

（第 2 号）》（2002 年第 64 号法律）第 14 条第（2）款新增。

第 48 条第（1A）款：2002 年 12 月 19 日由《2002 年引渡法修正案（第 2 号）》（2002 年第 64 号法律）第 14 条第（3）款新增。

49. 如果案件被提交部长审查，部长必须决定是否引渡

（1）如果案件已经依照本法第 48 条第（1）款（a）项、第 48 条第（1）款（b）项、第 48 条第（4）款或第 53 条之规定将案件提交部长审查，部长必须根据本法第 30 条第（2）款至第（4）款所列理由决定是否将某人引渡，如同案件已经依本法第 26 条之规定提交。

（2）为依照本条规定决定是否将某人引渡之目的，部长可以向引渡国家寻求任何其认为适当的承诺。

50. 引渡令

（1）如果部长依照上述第 49 条之规定，决定就某一项或多项引渡犯罪将被引渡人员引渡至引渡国家，服从于以下第 51 条第（2）款（b）项之规定，以及除部长已签发临时引渡令外，部长必须签发引渡某人的令状。

（2）针对依照上述第 48 条之规定将案件提交部长审查的被引渡人员，部长不得签发引渡令——

（a）直至依照本法第 46 条第（1）款（a）项羁押该人的令状具结之日起 15 日期限届满；或者

（b）如果针对本法规定所作决定提出上诉、申请复核或申请人身保护令，或是就任何此类上诉或申请提出的上诉处于未决状态，直至该程序得到终局裁决且结果为被引渡人员符合引渡条件，——

以时间在后者为准。

(3) 上述第(2)款规定概不适用于——

(a) 法庭依照以下第52条第(2)款(b)项具结令状的人员;或者

(b) 在法庭依照本法第46条之规定签发羁押令后,通知部长其本人同意被引渡的人员;或者

(c) 依照本法第71条之规定放弃以下权利人员——

(i) 自令状具结之日起15日内申请人身保护令的权利;及

(ii) 针对法庭判定某人符合引渡条件的每项犯罪,依照本法第8章之规定提起上诉的权利;或者

(d) 法庭就2项或多项引渡犯罪认定符合引渡条件且依照本法第71条之规定放弃以下权利的人员——

(i) 自令状签发之日起15日内申请人身保护令的权利;及

(ii) 就其中一项或数项犯罪依照本法第8章之规定提起上诉的权利,——

如若引渡国家针对被引渡人员弃权所不涉及的一项或几项犯罪撤销引渡请求。

(4) 如果已针对上述第2条第(4)款(a)至(e)项所列人员签发引渡令,部长可以安排作出引渡前所需的任何同意、授权和许可,包括判决的变更、撤销或延期,或是任何判决条件的变更、撤销或延期。

51. 有关引渡令的进一步规定

(1) 如果引渡请求所依据的犯罪在引渡国家已经被认定有罪,则以下第(2)款规定适用,但被引渡人员因违反新西兰法律

规定的犯罪被判处监禁应在新西兰监狱羁押。

（2）如果本款规定适用，部长可以——

（a）签发引渡某人的令状，该令状于该人不再需要在新西兰羁押时生效；或者

（b）拒绝签发引渡令。

（3）以下第（4）款规定适用，如果——

（a）部长已经依照第 49 条之规定决定就其他所有方面而言该人应被引渡；但是

（b）在部长看来，被引渡人员具有包括但不限于与其年龄或健康相关的某种紧迫或异常情况，导致在特定期限届满前将其引渡会造成不公正或压迫。

（4）如果本款规定适用，部长可以签发将某人引渡的令状，并在引渡令中规定引渡令自特定期限届满之日起生效。

（5）部长可以，在依照上述第（4）款之规定签发引渡令后，随时变更引渡令中规定的期限，或撤销引渡令。

第 51 条第（1）款：2005 年 6 月 1 日由《2004 年教养法》（2004 年第 50 号法律）第 206 条修改。

52. 监狱以外场所羁押

如果法庭依照本章规定命令将某人于任何期间羁押，但同时在法庭看来，根据案件所处特定情形，将某人关押在监狱会危及其生命或对其健康带来实质性危险，法庭可以指令将其羁押于——

（a）该人当时所处场所；或者

（b）其他法庭认为可以解往而不危及其生命或不存在损害其健康风险的任何场所——

直至该人可以不受此类危险或风险被羁押于监狱或被引渡

或依法被释放。

第 52 条标题：2005 年 6 月 1 日由《2004 年教养法》(2004 年第 50 条法律)第 206 条修改。

第 52 条：2005 年 6 月 1 日由《2004 年教养法》(2004 年第 50 条法律)第 206 条修改。

同意引渡

53. 同意引渡

(1) 被引渡人员可以随时通知法庭其本人同意就一项或多项引渡请求所涉犯罪被引渡至引渡国家。

(2) 如果被引渡人员通知法庭其同意依照上述第(1)款之规定被引渡,那么,即使有本法第 45 条之规定但服从于以下第(3)款和第(4)款之规定,法庭必须——

(a) 签发引渡该人的令状;或者

(b) 如果法庭需要依照本法第 48 条第(1)款之规定将案件提交部长审查,——

(ⅰ) 签发将其羁押于监狱或符合本法第 52 条或《2011 年刑事诉讼法》第 169 条之规定的其他场所的令状以待引渡;及

(ⅱ) 以书面形式记录其本人就哪一项或几项犯罪同意引渡;及

(ⅲ) 将羁押令副本及依照上述(ⅱ)项规定所做记录的副本,连同法庭在庭审中收到的令状和其他全部文件副本以及法庭认为适当的任何与案件有关的报告,一并呈送部长。

(3) 法庭不得采取上述第(2)款规定之行动除非——

(a) 该人就某一项或多项犯罪同意引渡系当庭所作;且

(b) 该人在诉讼程序中得到了合法代理;且

(c) 法庭认为其在完全知悉法律后果的情况下出于自由意志同意就某一项或多项犯罪被引渡。

(4) 上述第(1)款至第(3)款规定不妨碍法庭在依照本法第46条签发羁押令且依据本法第48条第(1)款将案件提交部长审查后,通知部长被引渡人员同意引渡。

(5) 如果法庭依照上述第(2)款(b)项(ⅰ)签发羁押令,则本法第46条第(2)款和第(3)款适用,如同该人已经被认定符合引渡条件。

对比:《1988年引渡法》第33A条(已调整)。

第53条第(2)款(b)项(ⅰ):2013年7月1日由《2011年刑事诉讼法》(2011年第81号法律)第413条修改。

第53条第(2)款(b)项(ⅰ):2005年6月1日由《2004年教养法》(2004年第50号法律)第206条修改。

临时引渡

54. 向引渡国家临时引渡

(1) 以下第(2)款之规定适用,如果——

(a) 引渡请求所依据的犯罪是被引渡人员受到指控的犯罪;且

(b) 法庭认为被引渡人员就引渡请求所涉的一项或多项犯罪符合引渡条件——

但被引渡人员因违反新西兰法律规定的犯罪被判处监禁应在新西兰监狱羁押。

(2) 如果本款规定适用,法庭必须——

(a) 签发将被引渡人员羁押于监狱或本法第52条或《2011

年刑事诉讼法》第169条规定的其他场所的令状,以待将其引渡至引渡国家或依法将其释放;及

(b) 以书面形式记录法庭认定被引渡人员就哪一项或几项引渡犯罪符合引渡条件;以及

(c) 将羁押令副本及依照上述(b)项规定所做记录的副本,连同法庭在庭审中收到的令状和其他全部文件副本以及法庭认为适当的任何与案件有关的报告,一并呈送部长——

并且适用于以下第(4)、(5)、(6)、(7)款之规定。

(3) 如果,——

(a) 在依照本法第48条之规定提交部长审查的案件中,部长依照本法第49条之规定决定引渡;且

(b) 引渡请求所依据的犯罪系被引渡人员受到指控的犯罪——

但被引渡人员因违反新西兰法律规定的犯罪被判处监禁应在新西兰监狱羁押,适用于以下第(4)、(5)、(6)、(7)款之规定。

(4) 部长可以对被引渡人员签发临时引渡令如果——

(a) 部长认为依照本款签发令状有利于实现正义;及

(b) 部长认为引渡国家就以下事项已经作出了令人满意的承诺——

(ⅰ) 引渡国家针对被引渡人员就引渡请求所涉引渡犯罪,即被引渡人员受到指控的犯罪的审判正在进行;及

(ⅱ) 将其遣送新西兰;及

(ⅲ) 在前往、离开及停留于引渡国家期间确保羁押;及

(ⅳ) 部长认为适当的其他事项(如果有的话);以及

(c) 在适用于上述第(2)款规定的案件中,部长依据本法

第30条第(2)款至第(4)款所列理由决定将其引渡。

(5) 为依照上述第(4)款(c)项作出决定,部长可以向引渡国家寻求任何其认为适当的承诺。

(6) 如果被判处监禁人员根据本条规定之临时引渡令从新西兰监狱被释放,在其依据引渡请求受到羁押(包括在新西兰境外羁押)期间,被视为持续服刑。

(7) 如果,在某人被临时引渡至引渡国家期间,新西兰所处刑期已届满,部长必须通知引渡国家,无需继续履行上述根据第(4)款(b)项所作承诺。

对比:1992年第86号法律第41条;《1988年引渡法》第36条第(1)款、第(5)款(已调整)。

第54条第(1)款:2005年6月1日由《2004年教养法》(2004年第50号法律)第206条修改。

第54条第(2)款(a)项:2013年7月1日由《2011年刑事诉讼法》(2011年第81号法律)第413条修改。

第54条第(2)款(a)项:2005年6月1日由《2004年教养法》(2004年第50号法律)第206条修改。

第54条第(3)款:2005年6月1日由《2004年教养法》(2004年第50号法律)第206条修改。

第54条第(6)款:2005年6月1日由《2004年教养法》(2004年第50号法律)第206条修改。

55. 临时引渡后请求遣送

(1) 如果——

(a) 某人依据临时引渡令被引渡至某引渡国家;且

(b) 被引渡人员依据上述第54条第(4)款(b)项(ii)提及的承诺被遣送新西兰;且

(c) 引渡国家在新西兰所处刑期届满前任何时候提出请

求，在引渡人员刑期届满时，将其引渡至该国履行临时引渡期间所判处的刑罚，——

部长可以，服从于上述第(2)款之规定，对被引渡人员签发引渡令。

(2) 在签发上述第(1)款规定之令状前，部长必须依照本法第30条第(2)款至第(4)款所列理由决定是否将其引渡。

(3) 为作出上述第(2)款规定所提及之决定，部长可以向引渡国家寻求部长本人认为适当的任何承诺。

(4) 如果依照本条签发了引渡令，依照本法第67条之规定引渡令于被引渡人员在新西兰所判刑期届满之日起生效。

对比：《1988年引渡法》第37条(已调整)。

第55条第(1)款(c)项：2005年7月1日由《2004年教养法》(2004年第50号法律)第206条修改。

第55条第(4)款：2005年6月1日由《2004年教养法》(2004年第50号法律)第206条修改。

释　放

56. 部长拒绝签发引渡令情况下的释放

如果部长根据本法第49条之规定决定某人不得被引渡或依照第51条第(2)款(b)项或第54条规定拒绝签发引渡令，除该人依其他令状被羁押外，必须立即将其释放。

57. 2个月内未引渡情况下的释放

(1) 如果自以下期限起2个月内，某人没有依照本章规定签发的引渡令或临时引渡令被引渡和押解离开新西兰，本条规定适用——

(a) 自依据第46条第(1)款(a)项或第53条第(2)款(b)项(i)规定签发令状以待判决之日起,如果没有就依照本章规定所作决定提出上诉、申请复核或申请人身保护令处于未决状态;或者

(b) 如果针对依照本章规定所作决定提出上诉、复核或人身保护令的申请,或就此类申请或申诉提出的上诉尚处未决状态,自相关诉讼程序终结之日;或者

(c) 如果依照本法第51条第(2)款(a)项或第51条第(4)款签发引渡令,自引渡令生效之日。

(2) 如果本条规定适用,被引渡人员可以向高等法院法官提出释放申请。

(3) 如果依照上述第(2)款之规定提出释放申请,法官可以,在有证据证明已将申请意愿合理通报部长的情况下,除非有充分理由表明不得释放,——

(a) 撤销引渡令或临时引渡令,视情况而定;及

(b) 命令将被引渡人员由被羁押场所释放,如若被引渡人员无需依其他任何令状被羁押。

(4) 即使有上述第(1)款之规定,不得依照本条规定将某人释放,如果案件已经依照本法第48条之规定提交部长审查且——

(a) 在法庭看来,针对被引渡人员已经另外提出了新的引渡请求,且该引渡请求已收到——

(i) 于上述第(1)款(a)项所提及之令状签发当日或之前;

(ii) 在提出了以上第(1)款(b)项规定之上诉或申请的情况下,于相关诉讼程序终结当日或之前;且

(b) 针对被引渡人员的引渡请求尚未作出最终决定。

(5) 为上述第(4)款之目的,**引渡请求**须附有为依照本章

规定背书所制作的令状。

第 57 条第(4)款：2002 年 12 月 19 日由《2002 年引渡法修正案(第 2 号)》(2002 年第 64 号法律)第 15 条增加。

第 57 条第(5)款：2002 年 12 月 19 日由《2002 年引渡法修正案(第 2 号)》(2002 年第 64 号法律)第 15 条增加。

58. 无需再引渡情况下的释放

(1) 如果某人已经依照本法第 54 条之规定签发的临时引渡令被引渡，上述第 57 条之规定概不妨碍依照本法第 55 条之规定签发令状。

(2) 如果依照本法第 55 条之规定签发令状且依照本章规定被引渡人员在新西兰所判刑期届满之日起 2 个月内未被引渡或押解离开新西兰，以下第(3)款规定适用。

(3) 如果本款规定适用，被引渡人员可以向高等法院法官提出释放申请。

(4) 如果依照上述第(3)款之规定提出释放申请，法官可以，在有证据证明已将申请意愿合理通报部长的情况下，除非有充分理由表明不得释放，——

(a) 撤销引渡令；及

(b) 命令将被引渡人员由被羁押场所释放，如若被引渡人员无需依其他任何令状被羁押。

释放不妨碍进一步诉讼

59. 本章规定的释放不妨碍进一步诉讼

为避免疑问，依照本章或任何已被本法废除的法律之规定将某人释放不妨碍依照本法规定采取进一步诉讼,无论是否基于依本法寻求引渡的同一行为。

第5章
本法在个案请求中的扩展适用

60. 本法在个案请求中的扩展适用

(1) 本条适用于由非英联邦国家提出的,引渡因在该国法域内实施的犯罪被指控或被定罪人员的引渡请求,如果——

(a) 以下二者择一——

(i) 在新西兰与该国之间没有生效引渡条约;或者

(ii) 如果新西兰与该国之间有生效引渡条约,所涉犯罪不属于条约规定犯罪;且

(b)没有依据本法第16条之规定颁布的议会法令规定适用于本法第3章之规定;及

(c) 没有依据本法第40条第(1)款之规定颁布的议会法令规定适用于本法第4章之规定;及

(d) 被引渡人员处于或被怀疑处于新西兰或正在前往新西兰的途中;及

(e) 该罪为根据该国法律规定可处最高刑不少于12个月监禁或任何更重刑罚的犯罪;以及

(f) 如果该行为就该国而言构成引渡犯罪,或同等行为发生在新西兰法域内,一旦被证实,将构成新西兰法律规定的可处最高刑不少于12个月监禁或任何更重刑罚的犯罪。

（2）必须依照本条之规定向部长提出请求且必须附有本法第 18 条规定的经正当程序认证的支持文件。

（3）服从于以下第（4）款之规定，部长为决定是否应依照本法处理该请求须考虑以下事项：

（a）提出引渡请求的国家所作的，关于被指控或被定罪人员所实施的犯罪在新西兰和该国皆属引渡犯罪，并且被引渡人员，如果在该国或该国法域内发现，可以被引渡回新西兰的承诺；及

（b）犯罪的严重性；及

（c）如本法第 12 条规定所列本法之目的；以及

（d）部长认为与之相关的其他任何事项。

（4）如果本条规定之引渡请求已经——

（a）由同属某一多边条约的缔约国提出；且

（b）所涉犯罪属于该多边条约所规定之犯罪——

部长无需再考虑上述第（3）款（a）项至（c）项所列事项。

（5）为上述第（4）款之目的，——

多边条约指新西兰作为缔约国之一，要求缔约国将特定行为作为犯罪并规定就相关犯罪进行引渡的多边条约。

多边条约犯罪指根据多边条约要求在新西兰及条约规定国家作犯罪处理的行为，以及新西兰及条约规定国家法律规定为犯罪的行为。

（6）如果决定应依照本法规定处理引渡请求，作为引渡请求对象的被引渡人员应以本法第 3 章规定方式被逮捕和引渡，如同部长已收到本法第 18 条规定之请求且本法规定在有效期内经必要修改适用。

（7）不限制以上第（6）款规定之适用，对于处于、被怀疑处于或正在前往新西兰途中的人员，可依本法第 3 章之规定签发临时令状将其逮捕，即使尚未提出本条规定之引渡请求。

第 60 条第（7）款：2002 年 12 月 19 日由《2002 年引渡法修正案（第 2 号）》（2002 年第 64 号法律）第 16 条替代。

第 6 章
引渡至新西兰

61. 请求将某人引渡至新西兰

（1）如果因违反新西兰法律规定犯罪受到指控或定罪人员可能在其他国家或正在前往其他国家的途中，新西兰向该国提出的引渡请求，服从于以下第（3）款之规定，只可以由以下人员或依以下人员之职权提出，——

（a）向引渡国家提出引渡请求且适用于本法第 3 章之规定的，由部长；或者

（b）向引渡国家提出引渡请求且适用于本法第 4 章之规定的，由警察总监或其代表；或者

（c）如果引渡国家法律规定，引渡请求必须经特定人员授权方可生效的，由该特定人员。

（2）以上第（1）款规定之请求可以——

（a）直接向该国的主管机关提出；或者

（b）通过外事和贸易部长向该国外交或领事代表或部长提出。

（3）以上第（1）款或第（2）款之规定不妨碍——

（a）与该国就引渡请求缔结条约或作出安排规定不同于以

上第(1)款和第(2)款规定的程序或补充程序;或者

(b)以该国法律允许的形式提出请求,如果没有以上第(1)款规定的不同或补充程序。

(4)如果以上第(3)款(a)项适用,必须适用其中的不同或补充程序。

对比:1965年第44号法律第13条。

62. 请求告知国外羁押期限

(1)如果已经提出将某人引渡至新西兰的请求,部长或其他授权人员可以,在提出引渡请求的同时或之后,要求被请求国主管机关,在引渡同时或之后,尽快提供经正当程序认证的证明,载明——

(a)被引渡人员就引渡请求被带至监狱或其他任何羁押场所的日期;及

(b)被引渡人员在就某一项或多项引渡犯罪最终被引渡至新西兰所经历的诉讼程序中被羁押的全部期限。

(2)依照以上第(1)款之规定所取得的证明在没有相反证据的情况下推定为准确。

(3)如果——

(a)在某人被引渡后的合理期间内没有收到证明;且

(b)部长认为根据其所掌握的有关引渡人员的信息可以精确计算出以上第(1)款(a)项和(b)项规定的日期和期限,——

部长可以出具证明指明上述日期和期限。

(4)为《2002年保释法》第91条第(3)款之目的,部长根据以上第(3)款出具的证明与依照上述第(1)款之规定收到的证明具有同等效力。

(5) 如果,部长在根据以上第(3)款之规定出具证明后,——

(a) 由引渡国家取得了根据上述第(1)款之规定所要求提供的证明;且

(b) 证明中所列日期和期限与部长出具证明中所列日期和期限不一致,——

那么,除非部长有相反指示,由引渡国家取得的证明为《2002年假释法》第91条第(3)款规定意义下的替代证明。

第62条第(1)款(a)项:2005年6月1日由《2004年教养法》(2004年第50号法律)第206条修改。

第62条第(4)款:2002年6月30日由《2002年假释法》(2002年第10号法律)第125条修改。

第62条第(5)款:2002年6月30日由《2002年假释法》(2002年第10号法律)第125条修改。

63. 引渡人员将被带回新西兰

如果某人因违反新西兰法律规定犯罪被指控或被定罪(无论是否依照上述第61条之规定所提出的引渡请求)受到引渡,必须被带回新西兰并交由主管部门依法处置。

对比:《1988年引渡法》第41条(已调整)。

64. 特定条件下被引渡人员不得因之前实施的犯罪受到审判

(1) 如果在新西兰受到指控或被定罪人员被某引渡国家引渡至新西兰,则该人不得因在被引渡前实施或被控实施的任何犯罪,在新西兰受到羁押或审判,引渡请求所涉犯罪或者在证明引渡请求所涉犯罪过程中能够认定的具有同等或较轻刑罚的犯罪除外,除非——

（a）被引渡人员已经离开，或曾有机会离开新西兰，或在被引渡人员被引渡至新西兰时间非常短的情况下，已经返回该国；或者

（b）引渡国家主管部门同意被引渡人员为其他任何特定犯罪受到审判或羁押。

（2）如果在新西兰受到指控或定罪人员被引渡国家引渡（在本款中称作**引出国**），被引渡人员不得为引渡至第三国，以便就任何实施于或被指控实施于引渡至新西兰之前实施的犯罪接受审判或刑罚之目的，在新西兰被羁押，引渡请求所涉犯罪或者在证明引渡请求所涉犯罪过程中能够认定的具有同等或较轻刑罚的犯罪除外，除非——

（a）被引渡人员已经离开，或曾有机会离开新西兰，或在被引渡人员被引渡至新西兰时间非常短的情况下，已经返回该国；或者

（b）**引出国**主管部门同意被引渡人员为其他任何特定犯罪被羁押或将其引渡至其他特定国家。

对比：1965 年第 44 号法律第 14 条；《1988 年引渡法》第 42 条（已调整）。

65. 6 个月内未启动诉讼程序情况下的遣送

如果——

（a）因引渡犯罪在新西兰被指控或定罪人员由引渡国家引渡回新西兰；且

（b）针对引渡请求所涉犯罪进行的诉讼程序，自其被引渡抵达新西兰之日起 6 个月内尚未启动——

部长可以依照本法第 96 条之规定签发遣送令。

对比：《1881 年逃犯法》第 18 条（生效中）；1992 年第 86 号法律第 15 条第（4）款。

66. 人员被临时引渡至新西兰

（1）如果某人以在新西兰期间维持羁押为条件，或在部长作出此类承诺的情况下，由某国临时引渡回新西兰，那么——

（a）被引渡人员在新西兰期间必须以部长书面指令方式羁押；且

（b）（a）项规定指令为将其在指令期限羁押的充分授权；且

（c）如果指令被引渡人员在监狱羁押，《2004 年教养法》在生效期内经必要修改适用于被引渡人员，如同被引渡人员因违反新西兰法律规定犯罪被判刑并依照此类判决予以羁押。

（2）如果以在新西兰期间维持羁押为条件，或在部长作出此类承诺的情况下，由某国临时引渡回新西兰，部长必须安排将该人按照条件或承诺规定日期遣送该国。

（3）如果被引渡人员为以上第（1）款或第（2）款之目的正在被羁押，并且将其引渡的国家要求将其释放，部长必须命令将其释放，除非被引渡人员因其他原因应予羁押。

对比：1992 年第 86 号法律第 15 条第（1）至（3）款；《1988 年引渡法》第 44 条（已调整）。

第 66 条第（1）款：2005 年 6 月 1 日由《2004 年教养法》（2004 年第 50 号法律）第 206 条修改。

第 7 章

引渡令程序

67. 引渡令或临时引渡令的形式及执行

引渡令或临时引渡令（如果有规定形式的话）必须采用规

定形式且必须——

(a) 列明被引渡人员之所以被引渡所涉及的所有犯罪；及

(b) 以下二者择一——

(ⅰ) 要求负责羁押（如正处于羁押）被引渡人员的人将其移交《2004 年教养法》第 3 条（a）项含义内的警员、官员或安保官员；或者

(ⅱ) 如果被引渡人员处于保释状态，授权任何警员将其置于监管之下；及

(c) 授权警员，或其他官员，视情况，对其进行押解，并在必要或方便的情况下，将其羁押，为将其置于在部长看来经正当授权有权以引渡国家名义或代表引渡国家接收被引渡人员的官员的监管之下；以及

(d) 授权以上（c）款中规定之经正当授权人员，对被引渡人员进行监管，并在条件允许时立即将其带出新西兰至引渡国家，依法接受处理。

对比：《1988 年引渡法》第 26 条第（1）款（已调整）。

第 67 条（b）项（ⅰ）：2008 年 10 月 1 日根据《2008 年警察法》（2008 年第 72 号法律）第 116 条（a）项（ⅳ）修改。

第 67 条（b）项（ⅰ）：2005 年 6 月 1 日由《2004 年教养法》（2004 年第 50 号法律）第 206 条修改。

第 67 条（b）项（ⅱ）：2008 年 10 月 1 日根据《2008 年警察法》（2008 年第 72 号法律）第 116 条（a）项（ⅳ）修改。

第 67 条（c）项：2008 年 10 月 1 日根据《2008 年警察法》（2008 年第 72 号法律）第 116 条（a）项（ⅳ）修改。

第 8 章
对引渡裁定的上诉

68. 仅就法律问题上诉

（1）地区法院依照本法第 24 条或第 45 条之规定裁定某人针对引渡请求所依据的一项或几项犯罪是否符合引渡条件，并且参与诉讼任何一方认为该裁决存在法律错误时，适用本条规定。

（2）如本条规定适用，认为存在错误的一方仅可以就法律问题向高等法院提出上诉。

（3）为提出上诉，上诉一方必须于裁定作出后 15 日内，向接受上诉的法院办公室以规定形式登记上诉公告。

第 68 条：2013 年 7 月 1 日由《2011 年刑事诉讼法》（2011 年第 81 号法律）第 413 条替代。

第 68 条第（1）款：2017 年 3 月 1 日由《2016 年地区法院法》（2016 年第 49 号法律）第 261 条修改。

69. 对依照《2000 年保释法》和《2011 年刑事诉讼法》上诉的适用

（1）《2000 年保释法》第 59 条（关于引渡处于保释状态的上诉人）经任何必要修改适用于本章规定之上诉，如同依照《2011 年刑事诉讼法》第 6 章第 8 节规定的针对地区法院就某项罪名的指控所作裁决提起的上诉。

（2）《2011 年刑事诉讼法》第 6 章第 8 节之规定在有效期内经必要修改适用于根据本章规定提起的任何上诉。

第 69 条：2013 年 7 月 1 日由《2011 年刑事诉讼法》（2011 年第 81 号

法律)第413条替代。

第69条第(1)款,2017年3月1日由《2016年地区法院法》(2016年第49号法律)第261条修改。

70. 等待上诉结果期间的羁押

(1) 如果——

(a) 地区法院依照本法第24条或第45条之规定作出裁决;并且

(b) 在法庭作出裁决后,当事任何一方通知法院其有意就该裁决提起上诉,——法院可以命令将所涉人员继续羁押,以待上诉结果。

(2) 如果——

(a) 地区法院根据第24条或第45条之规定作出裁决;并且

(b) 当事任何一方就裁决登记了上诉公告,——

地区法院或高等法院可以命令将裁定所涉人员继续羁押,或根据情况,签发令状将其羁押,以待上诉结果。

(3) 如果某人依照本条规定之令状被羁押或依照本条规定签发的令状被逮捕和羁押,——

(a) 如果诉讼程序系本法第3章规定程序,本法第22条、第23条第(1)款至第(3)款、第26条第(2)款和第(3)款以及第27条之规定经必要修改适用于对该人的羁押,如同该上诉程序为依照本法第24条之规定决定被引渡人员是否符合引渡条件的诉讼程序。

(b) 如果诉讼程序系本法第4章规定程序,本法第43条、第44条第(1)款至第(3)款、第46条第(2)款和第(3)款以及第52条之规定经必要修改适用于被羁押人员,如同该上诉程序为依照本法第45条之规定决定被引渡人员是否符合引渡条件的诉讼程序。

第70条第(1)款(a)项：2017年3月1日由《2016年地区法院法》(2016年第49号法律)第261条修改。

第70条第(2)款：2017年3月1日由《2016年地区法院法》(2016年第49号法律)第261条修改。

第70条第(2)款(a)项：2017年3月1日由《2016年地区法院法》(2016年第49号法律)第261条修改。

71. 放弃申请人身保护令或提起上诉的权利

不限制本法第28条或第53条之规定的适用，被引渡人员，可以规定形式，放弃以下权利：

(a) 羁押令签发之日起15日内申请人身保护令的权利；及

(b) 针对法院裁定其符合引渡条件的一项或几项犯罪依照本章规定提起上诉的权利。

72. 上诉法院的职权

(1) 高等法院必须就提交给它的案件所出现的法律问题进行聆讯并作出裁决，并且履行以下一项或多项职责：

(a) 针对被上诉的裁决作出驳回、确认或修改；

(b) 将裁决发回地区法院重审同时就裁决内容提出意见；

(c) 将裁决发回地区法院同时指示对认定当事人是否符合引渡条件进行重审；

(d) 针对原裁决签发高等法院认为适当的任何令状。

(2) 在就提交给它的案件出现的法律问题进行聆讯并作出裁决过程中，高等法院——

(a) 不得将任何地区法院在作出原审裁决时没有提交给地

区法院法官的事实或意见考虑在内;并且

（b）可以在同一程序内审理和决定是否批准因引渡请求受到羁押人员的人身保护令申请。

73. 有关上诉法庭职权的进一步规定

（1）不限制以上第 72 条之规定的适用,如果针对某人符合引渡条件的裁决提起上诉,并且上诉法院驳回了之前所作裁决,上诉法院还须——

（a）将某人释放;或

（b）将裁决发回地区法院同时指示对认定当事人是否符合引渡条件进行重审。

（2）不限制以上第 72 条之规定的适用,如果针对某人因 2 项或多项犯罪符合引渡条件的裁决提出上诉,而上诉法院认为该裁决中仅一项或部分犯罪存在法律错误,可以对一审裁决进行修改并且——

（a）撤销该犯罪或该部分犯罪;或

（b）将一审裁决发回地区法院同时指示就被引渡人员是否因该项犯罪或该部分犯罪符合引渡条件进行重审。

（3）即使有以上第(1)款和第(2)款之规定,在针对某人符合引渡条件的裁决提起上诉且上诉法院认为存在法律错误的情况下,如果上诉法院认为不存在实质性错误或不公正且应维持一审裁决,仍可以拒绝驳回或修改之前案件中所作裁决。

（4）不限制以上第 72 条之规定的适用,如果针对某人不符合引渡条件提出上诉,并且上诉法院认为一审裁决存在法律错误,上诉法院可以,——

(a) 如果诉讼程序系依照本法第3章之规定进行,则具有如同依照本法第26条第(1)款至第(3)款之规定履行职责的地区法院的职权,即使本法第26条第(1)款第(4)项之规定不适用;

(b) 如果诉讼程序系依照本法第3章之规定进行,则具有如同依照本法第46条第(1)款至(3)款之规定履行职责的地区法院的职权,即使本法第46条第(1)款第(4)项之规定不适用,以及在上诉法院依照本法第47条第(1)款之规定签发引渡令的情况下,本法第47条第(2)款和第(3)款之规定不适用。

(c) 如果上诉法院将案件发回地区法院,并签发逮捕或羁押某人的令状以待地区法院对裁决进行复核或对引渡程序进行重新审理;前述第70条第(3)款之规定,如同依照第70条之规定签发的令状,适用于依照本条规定签发的任何令状。

第73条第(4)款(a)项:2017年3月1日由《2016年地区法院法》(2016年第49号法律)第261条修改。

第73条第(4)款(b)项:2017年3月1日由《2016年地区法院法》(2016年第49号法律)第261条修改。

第9章
证据规定

74. 被引渡人员一方关于引渡限制性条件的证据

(1) 在依照本法之规定所进行的任何诉讼程序中,如果法官或法院认为证据来源可靠,法官或法院可以接受由被引渡人员或代表被引渡人员提交的有关本法第7条和第8条所规定引渡限制性条件的证据，无论该证据是否依法院规则可被采纳为法庭证据。

（2）以上第（1）款之规定不适用于在新西兰搜集的证据。

对比：1965 年第 44 法律第 9 条。

75. 在外国提取或制作的证词及官方文件

（1）不限制本法第 25 条之规定的适用，在依照本法之规定所进行的诉讼程序中，——

（a）无论被引渡人员在场或缺席情况下取自新西兰境外的证词或证词的副本；及

（b）于新西兰境外提取或制作的，关于定罪或其他事实的官方证明及对定罪这一事实或对其他与引渡程序相关事实进行陈述的司法文件，——

如果经正当程序认证，可以被采纳作证据。

（2）以上第（1）款之规定不授权将此类证词、证明或官方文件接受为不利于被引渡人员的证据。

对比：1965 年第 44 号法律第 15 条第（1）款。

76. 书面传闻证据的可采性

不限制本法第 25 条之规定的适用，在依照本法之规定所进行的任何诉讼程序中，凡是在关于事实或意见的直接言辞证据可以被采纳为证据的情况下，于新西兰境外所取得、提取或制作，并且意在确认该事实或意见的证词、官方证明或司法文件中所载明事实，如果经正当程序认证，可以被采纳作证据。

77. 不影响依照新西兰其他法律规定或法治原则采纳证据

本法第 25 条或第 74 条至第 76 条之规定不妨碍根据新西

兰其他法律规定或法治原则将任何文件采纳为证据。

对比：1992 年第 86 号法律第 63 条第(3)款。

78. 外国文件的认证

(1) 为本法之目的，任何于新西兰境外出具、提取、提供、接收或制作的令状、证词、图片、官方文件或司法文件及此类文件的副本，被视为经过正当程序认证，如果——

(a) 对于新西兰境外制作的文件以当时新西兰法律规定方式进行认证；或者

(b) 以新西兰与出具、提取、提供、接收或制作证据国家间正在生效的引渡条约规定方式进行认证；或

(c) 文件显示由出具、提取、提供、接收或制作证据国家的法官、治安官或官员签字或证明，并且——

(ⅰ) 经出具、提取、提供、接收或制作证据国家某证人或政府官员宣誓证明；或者

(ⅱ) 文件显示有出具证据国家的官方印鉴或公务印鉴或者有出具、提取、提供、接收或制作证据国家国务大臣、某政府部门官员或政府官员的官方印鉴或公务印鉴。

(2) 法院必须对上述第(1)款规定之签字或印鉴作出司法公告。

对比：1965 年第 44 号法律第 16 条。

79. 为在国外使用而在新西兰取证

(1) 为实现新西兰提出的将某人自其他国家引渡的请求，地区法院可以，在被告人或被定罪人缺席的情况下，在符合其适用范围的前提下，以《2011 年刑事诉讼法》第 95 条至第 99 条规

定之言辞证据取证程序所列方式提取证据。

(2) 为依照以上第(1)款之规定提取证据之目的，地区法院法官具有与《2011 年刑事诉讼法》第 3 章第 8 节言辞证据取证程序相同的职权。

(3) 本条规定概不授权将以上第(1)款提及的任何证据接受为不利于被引渡人员的证据。

第 79 条：2013 年 7 月 1 日由《2011 年刑事诉讼法》(2011 年第 81 号法律)第 413 条替代。

第 79 条第(1)款：2017 年 3 月 1 日由《2016 年地区法院法》(2016 年第 49 号法律)第 261 条修改。

80. 特定证明的效力

(1) 为本法第 7 条(a)款之目的，由部长签署的宣称引渡请求所依据的特定犯罪属政治性犯罪的证明，为其声明内容的决定性证据。

(2) 由外事及贸易部长签署的证明——

(a) 援引新西兰与其他国家间所作安排的生效期限；或者

(b) 援引由其他国家所作承诺的期限——

为证明该安排或承诺期限的充分证据。

(3) 由外事及贸易部长签署的证明宣称——

(a) 新西兰或某特定国家为特定条约的缔约国；或者

(b) 该条约对新西兰或该国于特定日期生效；或者

(c) 证明签发之日，该条约对新西兰或该国仍然有效——

为依本章规定之诉讼程序顺利进行之目的，属证明中所陈述事实的充分证据。

(4) 依法行使司法职能的法院或人员，收到依照以上第

(2)款或第(3)款之规定出具的任何证明,必须将证明上的签字向外事及贸易部长进行司法告知。

对比:《1988 年引渡法》第 52 条(已调整)。

81. 关于条约期限的议会法令证据

依照本法第 15 条或第 16 条或第 40 条之规定颁布,重申所涉引渡条约期限的议会法令,在该法令继续生效期间,为证明相关期限的决定性证据。

第 10 章
搜查和扣押

82. 基于逮捕的搜查和扣押

(1) 如果某人因依照本法之规定出具或背书的令状被逮捕,警员无需进一步令状即可对被逮捕人员进行搜查并可以扣押在其身上找到或由其持有的,包括任何数量金钱在内的任何物品,如果警员有合理根据认为在其身上或为其持有的物品可能成为实施,之所以签发或背书逮捕某人的令状或是由相关引渡国家提出引渡某人的请求所涉犯罪的证据。

(2) 如果在搜查现场没有适于执行搜查的人员,可以将被搜查人员带至其他场所进行搜查。

(3) 本条规定概不限制或影响《2012 年搜查和监管法》第 11 条规定之权力。

(4) 如果某人因依照本法规定签发或背书的令状被逮捕,警员可以依照《2008 年警察法》第 32 条之规定提取被引渡人员的身份识别鉴材，如同该人为实施新西兰法律规定的犯罪被依法羁押。

对比：《1988 年引渡法》第 13 条第(1)款(已调整)。

第 82 条第(1)款：2008 年 10 月 1 日根据《2008 年警察法》(2008 年第 72 号法律)第 116 条(a)项(ⅱ)修改。

第 82 条第(3)款：2012 年 10 月 1 日由《2012 年搜查和监管法》(2012 年第 24 号法律)第 240 条第(2)款替代。

第 82 条第(4)款：2015 年 11 月 7 日由《2015 年引渡法修正案》(2015 年第 101 号法律)第 4 条新增。

83. 搜查令

(1) 如出现以下情形，则本条规定适用，——

(a) 已经依照本法第 3 章之规定提出了引渡某人的请求；或者

(b) 已经依照本法第 4 章之规定对令状进行了背书；或者

(c) 已经依照本法之规定签发了临时逮捕某人的令状。

(2) 签发令状的官员(在《2012 年搜查和监管法》第 3 条规定含义内)，基于依照该法第 4 章第 3 节规定形式提出的申请，认为有合理理由确信，在某场所内或某地、某物品表面或某物体中存在任何可能成为实施引渡请求所涉犯罪的证据，可以签发搜查令。

(3) 本条概不限制或影响某外国依照《1992 年刑事事务互助法》之规定提出司法协助请求的权利。

(4)《2012 年搜查和监管法》第 4 章(第 6 节除外)之规定适用。

第 83 条第(2)款：2012 年 10 月 1 日由《2012 年搜查和监管法》(2012 年第 24 号法律)第 240 条第(3)款修改。

第 83 条第(4)款：2012 年 10 月 1 日由《2012 年搜查和监管法》(2012 年第 24 号法律)第 240 条第(4)款新增。

84. 搜查令的形式和内容

［已废除］

第 84 条：2012 年 10 月 1 日由《2012 年搜查和监管法》（2012 年第 24 号法律）第 240 条第（5）款废除。

85. 搜查令赋予的权力

［已废除］

第 85 条：2012 年 10 月 1 日由《2012 年搜查和监管法》（2012 年第 24 号法律）第 240 条第（5）款废除。

86. 截停交通工具的权力

［已废除］

第 86 条：2012 年 10 月 1 日由《2012 年搜查和监管法》（2012 年第 24 号法律）第 240 条第（5）款废除。

87. 令状执行人代表该机构提供证据

［已废除］

第 87 条：2012 年 10 月 1 日由《2012 年搜查和监管法》（2012 年第 24 号法律）第 240 条第（5）款废除。

88. 令状执行公告

［已废除］

第 88 条：2012 年 10 月 1 日由《2012 年搜查和监管法》（2012 年第 24 号法律）第 240 条第（5）款废除。

资产返还

89. 资产返还

（1）如果某人依照本法之规定被指令引渡则以下第（2）款之规定适用。

（2）决定引渡的法院可以指示包括金钱在内的任何物品（包括依照上述第 82 条或 85 条之规定扣押的任何物品）作为可能证明当事人被指控已经实施或正在实施的犯罪的证据，连同该人一并移交引渡国家。

（3）如果法院认为该物品为调查新西兰法域内实施的某犯罪所需或如持有该物品在新西兰属违法，则法院可以拒绝指示将以上第（2）款之规定所提及物品中的特定物品与被引渡人员一并移交。

（4）如果被引渡人员因死亡或逃脱监管无法被引渡，以上第（2）款之规定所提及的任何物品必须，如法院作出指示，移交引渡国家。

（5）如果被引渡人员依照本法之规定未被引渡而予释放，则以下第（6）款之规定适用。

（6）服从于以下第（7）款之规定，法院可以指示将包括金钱在内依照以上第 82 条或第 85 条之规定扣押的任何物品返还该人。

（7）法院可以拒绝指示将以上第（6）款之规定所提及物品中的特定物品返还该人，如果法院认为该物品为调查新西兰法域内某犯罪所需或如持有该物品在新西兰属违法。

第 11 章
关于引渡人员
在新西兰停留和递解的规定

90. 过境

（1）本条适用于为将其引渡至**执行引渡国家**之目的，在羁押状态下从其他任何国家被运送至适用于本法第 3 章或第 4 章规定国家(**执行引渡国家**)的人员(**过境人**)。

(2) **过境人**可以为引渡至**执行引渡国家**之目的经新西兰过境押解。

(3) 如果运送**过境人**的飞机或船舶在新西兰境内的任何地方降落或停靠,——

(a) 在降落或停靠前负责羁押**过境人**的人员可以在不超过 24 小时的期限内将被押解人就地羁押或在看守所羁押;且

(b) 法院可以,在警员的申请下,命令将**过境人**羁押法院认为实现过境押解所需的合理期限。

(4) 如果——

(a) 某人因依照以上第(3)款之规定签发的令状被羁押;且

(b) 在部长看来,对该人的押解没有在合理期限内得以继续,——

部长必须依照以下第 96 条之规定签发递解令。

对比: 1992 年第 86 号法律第 42 条第(1)至(3)款;《1988 年引渡法》第 48 条(已调整)。

第 90 条第(3)款(b)项: 2008 年 10 月 1 日根据《2008 年警察法》第 116 条(a)项(ⅱ)修改。

91. 无需移民签证

(1) 如果某人——

(a) 因引渡犯罪被引渡或临时引渡至新西兰;或者

(b) 以上第 90 条之规定适用于该人,——

其无需持有《2009 年移民法》规定的签证,如果且只要该人系依照本法之规定处于新西兰境内。

（2）如果某人在依照本法第 3 章或第 4 章之规定临时引渡至某引渡国家后返回新西兰继续服刑，为《2009 年移民法》之目的，该人的身份不受曾被临时引渡这一事实影响。

第 91 条标题：2010 年 10 月 29 日上午 2 时由《2009 年移民法》（2009 年第 51 号法律）第 406 条第（1）款修改。

第 91 条第（1）款：2010 年 10 月 29 日上午 2 时由《2009 年移民法》（2009 年第 51 号法律）第 406 条第（1）款修改。

第 91 条第（2）款：2010 年 10 月 29 日上午 2 时由《2009 年移民法》（2009 年第 51 号法律）第 406 条第（1）款修改。

92. 人员遣送

如出现以下情形，则以下第 93 条之规定适用——

（a）在新西兰因引渡犯罪被指控或定罪的人员被引渡国家引渡，并且在针对该罪的诉讼程序完结时，该人被宣布无罪；或者

（b）某人因引渡犯罪被引渡至新西兰且就该罪被判处监禁或其他任何刑罚，不再需要服刑；或者

（c）因引渡犯罪被引渡至新西兰的人员被释放，没有被定罪。

93. 部长必须签发递解令或出具证明

（1）如果本条规定适用，部长必须依照以下第 96 条之规定对被引渡人员签发递解令，除非部长认为由于被引渡人员所处特殊情形，不适于对其签发递解令。

（2）如果部长不对其签发递解令，部长必须依照以下第 94 条之规定出具证明。

94. 证明授权该人在新西兰临时停留

（1）部长依照本条规定出具的证明——

（a）可以适用于一定期限，不超过 3 个月，在证明中写明；且

（b）可以，随时，重新起算不超过 3 个月的期限；且

（c）在部长认为适当的情况下，可以命令将证明所涉人员羁押。

（2）证明在生效期间为授权有关人员在新西兰停留的充分授权。

（3）如果部长出具了证明，部长可以在其认为适当的情况下，将案件提交移民部长依照《2009 年移民法》第 61 条之规定审查，在此情况下，为适用本条规定之目的，《2009 年移民法》第 61 条如同该人需要持有该法规定之签证一般适用。

（4）除以上第（3）款之规定情形外，在证明有效期间，《2009 年移民法》概不适用于证明所涉人员。

（5）如果，——

（a）在部长依照上述第（3）款之规定将案件提交移民部长审查的情况下，移民部长拒绝批准签证；且

（b）在部长看来没有任何其他理由表明该人应留在新西兰，——

部长必须撤销依照本条规定出具的证明，并对该人签发以下第 96 条规定之递解令。

第 94 条第（3）款：2010 年 10 月 29 日上午 2 时由《2009 年移民法》（2009 年第 51 号法律）第 406 条第（1）款替代。

第 94 条第（4）款：2010 年 10 月 29 日上午 2 时由《2009 年移民法》（2009 年第 51 号法律）第 406 条第（1）款修改。

第 94 条第(5)款(a)项：2010 年 10 月 29 日上午 2 时由《2009 年移民法》(2009 年第 51 号法律)第 406 条第(1)款修改。

95. 有关证明的进一步规定

(1) 如果依照上述第 94 条之规定出具的证明命令将被引渡人员羁押，该证明为警员逮捕和羁押被引渡人员的充分授权。

(2) 依照本条规定被羁押的人员，除非很快被释放，否则必须尽快被带至地区法院法官面前并且在之后，证明有效期内每 21 天，依照以下第(3)款之规定决定是否将其羁押或释放，以待依照上述第 94 条第(5)款规定之裁决结果。

(3) 如果某人依照以上第(2)款之规定被带至地区法官面前，且法官认为该人为证明所指人员，法官可以——

(a) 签发将其羁押的令状，如果法官认为如不将其羁押该人有可能逃跑；或者

(b) 服从于法官认为适当的条件(如果有的话)，命令将其释放。

(4) 如果该人需要参与本法第 3 章规定之诉讼，依照以上第(3)款(a)项签发的羁押某人的令状可以授权将其羁押于监狱或可以按照本法第 26 条第(1)款(a)项规定羁押的其他任何场所。

第 95 条第(1)款：2008 年 10 月 1 日根据《2008 年警察法》(2008 年第 72 号法律)第 116 条(a)项(ⅱ)修改。

第 95 条第(4)款：2005 年 6 月 1 日由《2004 年教养法》(2004 年第 50 号法律)第 206 条修改。

96. 递解令

(1) 部长依照本条之规定签发的递解令——

(a) 可以——

(ⅰ) 要求负责看管被引渡人员(如果该人被羁押)的人将其交由某警员看管;或者

(ⅱ) 如果被引渡人员未被羁押,授权任何警员将其羁押;且

(b) 必须指明该人将被警员带走,并为实现将其从新西兰递解的目的送上任何船舶或飞行器;且

(c) 可以授权在等候将其递解出新西兰期间对该人进行羁押。

(2) 递解令必须依本法制定的规章规定形式送达令状所具名者本人。

(3) 如果递解令授权将某人羁押,该人可以被羁押于——

(a) 监狱或可以将其依照本法第 26 条第(1)款(a)项之规定羁押的其他任何场所,如果该人需要参与本法第 3 章规定之诉讼;或者

(b) 港口或机场。

(4) 如果某人在递解令送达后 48 小时内无法被递解离开新西兰,必须将其带至地区法院法官面前,由地区法院法官依照以下第(5)款之规定决定是否将其羁押或释放,以待被递解出新西兰。

(5) 如果某人依照以上第(4)款之规定被带至地区法院法官面前,且法官认为该人为令状所具名人员,法官可以——

(a) 签发将其羁押的令状,如果法官认为如不将其羁押,其有可能逃跑;或者

(b) 服从于法官认为适当的条件(如果有的话),命令将其释放。

(6) 依据以上第(5)款(a)项之规定签发的羁押某人的令状可以授权将其羁押于监狱或可以依照本法第 26 条第(1)款(a)项之规定羁押的其他任何场所,如果该人需要参与本法第 3 章规定之诉讼。

(7) 本条规定之递解令直至被执行或撤销前始终有效。

(8)《2009 年移民法》之规定概不适用于递解令生效期间令状中所具名人员。

第 96 条第(1)款(a)项(ⅰ):2008 年 10 月 1 日根据《2008 年警察法》(2008 年第 72 号法律)第 116 条(a)项(ⅱ)修改。

第 96 条第(1)款(a)项(ⅱ):2008 年 10 月 1 日根据《2008 年警察法》(2008 年第 72 号法律)第 116 条(a)项(ⅱ)修改。

第 96 条第(1)款(b)项:2008 年 10 月 1 日根据《2008 年警察法》(2008 年第 72 号法律)第 116 条(a)项(ⅱ)修改。

第 96 条第(3)款(a)项:2005 年 6 月 1 日由《2004 年教养法》(2004 年第 50 号法律)第 206 条修改。

第 96 条第(6)款:2005 年 6 月 1 日由《2004 年教养法》(2004 年第 50 号法律)第 206 条修改。

第 96 条第(8)款:2010 年 11 月 29 日由《2010 年移民法》(2009 年第 51 号法律)第 406 条第(1)款修改。

97. 新西兰公民

本章规定概不授权从新西兰递解新西兰公民。

第 12 章
杂项规定

98. 在押人员

(1) 如果,依照本法规定或依照本法规定签发的令状,须将某人羁押，任何警员可以将其羁押并为羁押之目的将其——

(a) 送交监狱负责人；或

(b) 如令状规定将其羁押在其他场所的，送交令状所列明场所之负责人。

(2) 有关因违反新西兰法律规定犯罪等候审判人员的监禁条件、此类人员监禁期间待遇以及此类人员在羁押场所间押解的法律规定，在法律有效期内经必要修改适用于依照本法之规定被羁押等候引渡人员，临时引渡除外。

(3) 如果某人在监狱羁押或在监狱以外场所羁押等待依照本法之规定进行引渡，为《2004 年教养法》第 184 条之目的，该人被视为由该机构负责监管，直至被递解出新西兰。

(4) 本条规定服从于本法第 66 条之规定。

对比：《1988 年引渡法》第 53 条(已调整)。

第 98 条第(1)款：2008 年 10 月 1 日根据《2008 年警察法》(2008 年第 72 号法律)第 116 条(a)项(ⅱ)修改。

第 98 条第(1)款(a)项：2005 年 6 月 1 日由《2004 年教养法》(2004 年第 50 号法律)第 206 条修改。

第 98 条第(2)款：2005 年 6 月 1 日由《2004 年教养法》(2004 年第 50 号法律)第 206 条修改。

第 98 条第(3)款：2005 年 6 月 1 日由《2004 年教养法》(2004 年第 50 号法律)第 206 条修改。

99. 优先请求

(1) 如果两个或多个国家依照本法第 3 章或第 4 章之规定针对同一人员提出引渡请求并取得引渡令，部长必须决定将其引渡给哪个国家(如能确定的话)。

(2) 在依照以上第(1)款之规定作出决定时，部长必须考虑案件的全部情形,尤其是——

(a) 引渡请求所涉犯罪的严重程度;

(b) 各国提出引渡请求的日期;

(c) 被引渡人员的身份或国籍及常住地;

(d) 实施某一犯罪或各个犯罪的时间、地点;

(e) 任一当事国向另一当事国引渡的可能性;

(f) 与任何引渡请求国间的引渡条约或引渡安排之规定,或任何引渡请求国所作的承诺。

(3) 即使有以上第(1)款之规定,如果同时收到来自国际刑事法院及一个或多个国家的引渡请求,部长必须依据《2000 年国际犯罪和国际刑事法院法》第 61 条至第 64 条之规定确定请求的优先事项。

第 99 条第(3)款:2002 年 7 月 1 日由《2000 年国际犯罪和国际刑事法院法》(2000 年第 26 号法律)第 184 条增加。

条约规定

100. 关于可纳入条约的引渡犯罪

如果,在本法生效后,新西兰与其他国家签署了引渡条约,为条约目的规定的可引渡犯罪(无论条约中对犯罪进行单独明确规定还是整体概括性描述)必须是新西兰及该国法律规定最大刑期不少于 12 月监禁或更严厉刑罚的犯罪。

101. 关于新西兰公民的引渡

在本法生效后,新西兰与其他国家签署的引渡条约必须——

(a) 申明是否允许引渡新西兰公民;且

（b）一旦申明允许引渡新西兰公民，规定在特定情形下可以基于被引渡人员属新西兰公民的理由拒绝引渡。

对比：1965年第44号法律第5条第(7)款。

101A. 条约应被视为包含以下犯罪

（1）新西兰与其他国家之间的引渡条约必须作可以使每一特定条款（关于通过法律适用将各类犯罪纳入特定条约的条款）生效的解释。

（2）为第(1)款之目的，以下规定属特定条款：

（a）《1972年航空器法》第7条和第7A条；

（b）《1975年毒品滥用法》第35条和第35A条；

（c）《1980年犯罪（国际保护人员、联合国人员和附属人员、人质）法》第10条和第10A条；

（d）《1989年酷刑罪法》第8条；

（e）《1999年海事犯罪法》第14条；

（f）《2001年犯罪（贿赂外国公职人员）法修正案》第10条；

（g）本法第101B和101C条；

（ga）《2002年反恐怖法》第69条；

（h）《2004年雇佣兵活动（禁止）法》第21条；

（i）《1993年电影、音像和出版物分级法》第145C条；

（j）《2012年文化资产（武装冲突中的保护）法》第13条。

第101A条：2001年5月3日由《2001年犯罪（贿赂外国公职人员）法修正案》（2001年第28号法律）第12条新增。

第101A条第(2)款(b)项：2005年6月22日由《2005年毒品滥用法》（2005年第81号法律）第23条修改。

第101A条第(2)款(g)项：由《2002年引渡法修正案》（2002年第21号法律）第5条增加。

第101A条第(2)款(g)项：2003年9月29日为贯彻《联合国打击跨国有组织犯罪公约》由《2003年引渡法修正案生效令》(SR 2003/238)第2条实施。

第101A条第(2)款(g)项：2004年1月1日为贯彻《移民议定书》和《走私议定书》由《2003年引渡法修正案生效令》(SR 2003/238)第3条实施。

第101A条第(2)款(g)项：2017年6月1日由《2005年犯罪法修正案》(2005年第41号法律)第10条修改。

第101A条第(2)款(ga)项：2002年12月5日由《2002年反恐怖法》(2002年第34号法律)第76条增加。

第101A条第(2)款(h)项：2004年10月22日由《2004年雇佣兵活动(禁止)法》(2004年第69号法律)第22条增加。

第101A条第(2)款(i)项：2005年2月22日由《2005年电影、音像和出版物分级法》(2005年第2号法律)第34条第(2)款增加。

第101A条第(2)款(j)项：2013年7月1日由《2012年文化资产(武装冲突中的保护)法》(2005年第2号法律)第45条新增。

101B. 具有跨国性质的特定犯罪应被视为在引渡条约规定之内

(1) 为本法及依照本法第15条或第104条之规定颁布的议会法令之目的，以下犯罪被视为任何在《2002年引渡法修正案》第6条生效前及以下第(5)款之规定所提及的新西兰与任何外国同为缔约国的公约或议定书生效期间缔结的引渡条约所规定的犯罪：

(a) 违反《1961年犯罪法》第98A条、第98C条、第98D条、第100条、第101条、第102条、第103条、第104条、第105条、第116条、第117条及第243条之规定的犯罪；

(b) 违反《1992年护照法》第29A条、第30条、第30A条、第31条第(1)款、第31条第(2)款及第32条之规定的犯罪；

(c) 任何违反成文法的犯罪，如果——

（ⅰ）可处4年或4年以上监禁；且

（ⅱ）引渡请求所涉犯罪被控涉及有组织犯罪集团（如《有组织犯罪公约》第2条(a)项之规定定义的那样）；且

（ⅲ）被引渡人员处于、有可能处于或正在前往被请求国家的途中。

(2) 某人因行为构成依照以上第(1)款之规定应被纳入引渡条约规定的犯罪被要求从新西兰引渡，应依照本法及可适用的引渡条约将其引渡，无论该行为发生在《2002年引渡法修正案》第6条之规定生效之前与否。

(3) 以上第(2)款之规定不适用于，发生在新西兰法域内但行为时不构成违反新西兰法律规定之犯罪的犯罪行为。

(4) 外事及贸易部长出具的证明某外国属《有组织犯罪公约》《移民议定书》《走私议定书》缔约国的证明，在没有相反证据的情况下，为该事实的充分证据。

(5) 为本条之目的，——

外国包括某地区若——

(a) 其国际关系由某国政府负责；且

(b) 引渡条约以及（视情况而定）《移民议定书》《有组织犯罪公约》《走私议定书》适用于该地区。

《移民议定书》指2000年11月15日在纽约通过的《联合国打击跨国有组织犯罪公约》关于打击陆、海、空偷运移民的议定书。

《有组织犯罪公约》指2000年11月15日在纽约通过的《联合国打击跨国有组织犯罪公约》。

《走私议定书》指2000年11月15日在纽约通过的《联合国打击跨国有组织犯罪公约》关于预防、禁止和惩治贩运人口特别是妇女和儿童行为的补充议定书。

第 101B 条：由《2002 年引渡法修正案》（2002 年第 21 号法律）第 6 条新增。

第 101B 条：2003 年 9 月 29 日为贯彻《联合国打击跨国有组织犯罪公约》由《2003 年引渡法修正案生效令》（SR 2003/238）第 2 条实施。

第 101B 条：2004 年 1 月 1 日为贯彻《移民议定书》和《走私议定书》由《2003 年引渡法修正案生效令》（SR 2003/238）第 3 条实施。

第 101B 条第（1）款（a）项：2013 年 12 月 5 日由《2013 年引渡法修正案》（2013 年第 116 号法律）第 4 条修改。

101C. 涉及贩卖儿童或儿童卖淫的特定犯罪应被视为在引渡条约规定之内

（1）为本法及依照本法第 15 条或第 104 条之规定生效的议会法令之目的，——

（a）任何违反《1961 年犯罪法》第 98A 条规定之犯罪被视为《2005 年犯罪法修正案》第 10 条之规定生效前且新西兰与任何外国同为缔约国的以下第（5）款之规定所提及议定书生效期间，签署的引渡条约所规定的犯罪；及

（b）任何违反《1961 年犯罪法》第 144A 条规定之犯罪被视为《2005 年犯罪法修正案》第 10 条之规定生效前且新西兰与任何外国同为缔约国的以下第（5）款之规定所提及议定书生效期间，签署的引渡条约所规定的犯罪；及

（c）任何违反《2003 年卖淫改革法》第 23 条第（1）款规定之犯罪被视为《2005 年犯罪法修正案》第 10 条之规定生效前且新西兰与任何外国同为缔约国的以下第（5）款之规定所提及议定书生效期间，签署的引渡条约所规定的犯罪；以及

（d）任何违反《1955 年收养法》第 27A 条规定之犯罪被视

为《2005 年犯罪法修正案》第 10 条之规定生效前且新西兰与任何外国同为缔约国的以下第(5)款之规定所提及议定书生效期间,签署的引渡条约所规定的犯罪。

(2) 某人因行为构成依照以上第(1)款之规定应被纳入引渡条约规定的犯罪被要求从新西兰引渡,应依照本法及可适用的引渡条约将其引渡,无论该行为是否发生在以上第(1)款(a)项、(b)项、(c)项或(d)项,视情况而定,之规定所提到的生效日期之前。

(3) 以上第(2)款之规定不适用于,发生在新西兰法域内但行为时不构成违反新西兰法律规定之犯罪的犯罪行为。

(4) 外事及贸易部长出具并署名的证明某外国属于以下第(5)款之规定所提及的议定书缔约国的证明,在没有相反证据的情况下,为证明该事实的充分证据。

(5) 适用本条规定的议定书为联合国大会于 2000 年 5 月 25 日通过的《联合国儿童权利公约关于贩卖儿童、儿童卖淫和儿童色情的选择议定书》。

(6) 为本法之目的,外国包括某地区,如果——

(a) 外国政府负责该地区的国际关系;且

(b) 新西兰与该国之间存在生效的引渡条约;且

(c) 第(5)款提及议定书适用于该地域。

第 101C 条: 2017 年 6 月 1 日由《2005 年犯罪法修正案》(2005 年第 41 号法律)第 10 条修改。

规 章

102. 规章

(1) 总督可以不定期颁布议会法令,为以下全部或任一目的制订规章：

（a）规定为本法之目的签发的令状、公告、背书及命令的形式；

（b）规定应纳入本法第 25 条规定之案件记录的额外事项；

（c）规定可支付给口译员及为本法规定诉讼程序作证人员的劳务、旅费及开销；

（d）规定可由本法规定诉讼程序当事人支付的费用及收费；

（e）规定地区法院与本法规定诉讼程序相关的具体方法及程序，（包括但不限于）——

（ⅰ）庭审前证据开示；

（ⅱ）规章要求开示而未予开示或者没有按照规章规定要求或法庭要求予以开示情况下，法庭的职权；

（ⅲ）要求被引渡人员告知其是否有意在引渡程序中提出引渡的限制条件；

（ⅳ）在指定专家证人的情况下，指定专家证人后的法庭程序、当事各方就专家证人所提供的证据享有的权利以及专家证人取得酬劳的形式。

（f）规定第 11 章递解令及本法所涉及的其他文件的送达形式；

（g）规定本法充分考虑或使本法能够充分发挥效力及正当执行的任何事项。

（2）依照以上第（1）款（e）项之规定确定相关方法和程序时，可以就本法第 3 章和第 4 章规定之程序分别作出不同的规定。

第 102 条第(1)款(e)项：2017 年 3 月 1 日由《2016 年地区法院法》(2016 年第 49 号法律)第 261 条修改。

103. 上诉规则

有关依照本法规定向上诉法院上诉的方法和程序的规则，可依《2016 年高等法院法》规定的法院规则来制定。

第 103 条：2017 年 3 月 1 日由《2016 年高等法院法》(2016 年第 48 号法律)第 183 条(b)项修改。

跨国及保留条款

104. 本法生效后仍然有效的议会法令

(1) 依照《1965 年引渡法》第 3 条之规定颁布的议会法令自本法生效之日起仍然有效，并可以修改或撤销，如同该法令系依照本法第 15 条之规定所颁布。

(2) 依照英国议会 1870 年至 1935 年《引渡法》颁布的议会法令以及附录 1 中所列议会法令继续有效，并可以被修改，如同该法令系依照本法第 15 条之规定所颁布。

(3) 总督可以，颁布议会法令，宣布以上第(2)款之规定所提及议会法令停止生效，不再作为新西兰法律的组成部分。

(4) 本条规定不限制第 105 条之规定的适用。

105.《1965 年引渡法》中的特定条件仍然适用

(1) 以下第(2)款之规定适用于上述第 104 条第(1)款或第(2)款之规定的，在本法颁布时未被修改且仍然有效的议会法令。

(2) 如本条规定适用，——

(a) 本法适用于议会法令所涉及的引渡国家，服从于引渡国家需要服从的以下法律规定——

（ⅰ）《1965 年引渡法》第 5 条第（1）款至第（6）款、第 5A 条及第 9 条第（1）款（f）项之规定；或

（ⅱ）依照该法第（5）条第（7）款之规定所采取的措施；以及

（b）本法第 7 条、第 8 条和第 30 条第（3）款（d）项［包括第 30 条第（3）款（d）项依照本法第 49 条适用的情形］与相关引渡条约不一致的内容不适用于引渡国家。

106.《1881 年逃犯法》（生效中）或《1965 年引渡法》规定的令状、法令及诉讼程序

（1）在新西兰依照英国议会《1881 年逃犯法》针对来自英联邦国家且本法颁布后适用于本法第 3 章或第 4 章规定之人员，签发或背书的在本法颁布前立即生效的令状，具有与所适用章节规定的有权人员依该章规定签发的此类令状相同的效力。

（2）在本法颁布前针对以上第（1）款之规定所提及人员签发的令状具有与依照本法第 3 章或第 4 章（视情况而定）之规定所签发的令状相同的效力。

（3）在本法颁布前针对以上第（1）款之规定所提及人员启动的英国议会《1881 年逃犯法》规定的诉讼程序，可以继续进行并依照本法相应章节处理。

（4）在新西兰依照《1965 年引渡法》针对外国人签发的在本法颁布前立即生效的令状具有与所适用章节规定的有权人员依该章规定签发的此类令状相同的效力。

（5）在本法颁布前针对以上第（4）款之规定所提及人员签发的令状具有与依照本法第 3 章之规定所签发的令状相同的效力。

（6）在本法颁布前针对以上第（4）款之规定所提及人员启

动的《1965 年引渡法》规定的诉讼程序，可以继续进行并依照本法第 3 章之规定处理。

（7）在本法颁布前依照《1965 年引渡法》签发的引渡令具有与依照本法第 3 章之规定所签发的引渡令相同的效力。

（8）本条规定概不限制《1999 年解释法》之规定的适用。

第 106 条第(8)款：1999 年 11 月 1 日根据《1999 年解释法》(1999 年 85 号法律)第 38 条第(1)款修改。

107.《2009 年移民法》不受影响

除本法第 11 章之规定内容外，本法不限制或影响《2009 年移民法》规定内容的适用。

第 107 条标题：2010 年 11 月 29 日上午 2 时由《2009 年移民法》(2009 年第 51 号法律)第 406 条第(1)款修改。

第 107 条：2010 年 11 月 29 日上午 2 时由《2009 年移民法》(2009 年第 51 号法律)第 406 条第(1)款修改。

108.《1977 年公民身份法》不受影响

本法不限制或影响《1977 年公民身份法》规定内容的适用。

109. 对其他武装部队逃跑人员的逮捕

本法不限制或影响《1971 年武装部队纪律法》第 89A 条、第 92A 条、第 93B 条或第 93C 条之规定的适用。

第 109 条：2004 年 7 月 1 日由《2004 年来访部队法》(2004 年第 59 号法律)第 26 条替代。

修改及废除

110. 英国议会法令停止在新西兰生效

（1）国王陛下于 1925 年 10 月 12 日发布的，关于将英国议会《1881 年逃犯法》第 2 章适用于新西兰的命令，停止其作为新西兰法律组成部分的效力。

（2）依照英国议会 1870 年至 1935 年《引渡法》规定发布的议会法令以及附录 2 中所列议会法令，停止其作为新西兰法律组成部分的效力。

111. 已修改的法律

附录 3 中所列法律以该附录中所载方式修改。

112. 废除

（1）以下法律被废除：

（a）《1965 年引渡法》；

（b）《1969 年引渡法修正案》；

（c）《1976 年逃犯法修正案》；

（d）《1998 年引渡法修正案》。

（2）以下英国议会立法，停止其作为新西兰法律组成部分的效力：

（a）《1881 年逃犯法》(44 and 45 Vict, c 69)；

（b）《1915 年逃犯（受保护国家）法》(5 and 6 Geo 5, c 39)。

（3）服从于本法之规定，《1999 年解释法》第 17 条至第 22 条适用于以上第（2）款之规定所提及的立法时，将其视同新西兰议会立法。

第 112 条第（3）款：1999 年 11 月 1 日根据《1999 年解释法》（1999 年第 85 号法律）第 38 条第（1）款修改。

附录 1
本法生效时已经在新西兰生效的有关引渡问题的英国议会法令

第 104 条第(2)款

Albania

1927 No605——The Albania (Extradition) Order in Council 1927 (SR & O and SI Rev 1948, Vol IX, 2; *Gazette* 1927, Vol III, p2874; 1928, Vol II, p1433).

Argentina

1894 No76——Order in Council directing that the Extradition Acts shall apply in the case of the Argentine Republic (SR & O and SI Rev 1948, Vol IX, 10; *Gazette* 1894, Vol I, p669).

Belgium

1902 No208——Order in Council directing that the Extradition Acts shall apply in the case of Belgium (SR & O and SI Rev 1948, Vol IX, 32; *Gazette* 1902, Vol I, p1158).

1907 No544——Order in Council directing that the Extradition Acts shall apply in the case of Belgium, and of the Supplementary Convention of 5 March 1907 (SR & O and SI Rev 1948, Vol IX, 42; *Gazette* 1907, Vol II, p2924).

1911 No793——Order in Council directing that the Extradition Acts shall apply in the case of Belgium (SR & O and SI Rev 1948, Vol IX, 44; *Gazette* 1911, Vol II, p3406).

Bolivia

1898 No1065——Order in Council directing that the Extradition Acts shall apply in the case of Bolivia (SR & O and SI Rev 1948, Vol IX, 50; *Gazette* 1899, Vol I, p11).

Chile

1898 No597——Order in Council directing that the Extradition Acts shall apply in the case of Chile (SR & O and SI Rev 1948, Vol IX, 64; *Gazette* 1898, Vol II, p1669).

Colombia

1889——Order in Council directing that the Extradition Acts shall apply in the case of Colombia (SR & O and SI Rev 1948, Vol IX, 71; *Gazette* 1890, Vol I, p351).

Cuba

1905 No558——Order in Council directing that the Extradition Acts shall apply in the case of the Republic of Cuba (SR & O and SI Rev 1948, Vol IX, 78; *Gazette* 1905, Vol II, p1898).

Czechoslovakia

1926 No1466——The Czechoslovakia (Extradition) Order in Council 1926 (SR & O and SI Rev 1948, Vol IX, 84; *Gazette* 1927, Vol I, p359; 1927, Vol III, p2915).

Ecuador

1886——Order in Council directing that the Extradition Acts shall apply in the case of the Republic of Ecuador (SR & O and SI Rev 1948, Vol IX, 110; *Gazette* 1886, Vol II, p1248).

El Salvador

1882——Order in Council directing that the Extradition Acts shall apply in the case of Salvador (SR & O and SI Rev 1948, Vol IX, 356; *Gazette* 1883, Vol I, p352).

Estonia

1926 No840——The Estonia (Extradition) Order in Council 1926 (SR & O and SI Rev 1948, Vol IX, 118; *Gazette* 1926, Vol II, p2602; 1927, Vol II, p1455).

Finland

1925 No448——The Finland (Extradition) Order in Council 1925 (SR & O and SI Rev 1948, Vol IX, 125; *Gazette* 1925, Vol II, p2176; 1925, Vol III, p3411).

France, Tunis

1878——Order in Council directing that the Extradition Acts shall apply in the case of France (SR & O and SI Rev 1948, Vol IX, 132; *Gazette* 1878, Vol II, p1137).

1890——Order in Council directing that the Extradition Acts shall apply in the case of Tunis (SR & O and SI Rev 1948, Vol IX, 412; *Gazette* 1890, Vol II, p876).

1909 No1458——Order in Council directing that the Extradition Acts shall apply in the case of France in accordance with a Treaty of 14 August 1876, as supplemented by additional Conventions of 13 February 1896, and 17 October 1908; and in the case of Tunis in accordance with Agreements of 31 December 1889, and 29 July 1909 (SR & O and SI Rev 1948, Vol IX, 143; *Gazette* 1910,

Vol I, p749).

Greece

1912 No193——Order in Council directing that the Extradition Acts shall apply in the case of Greece in accordance with a Treaty of 24 September 1910 (SR & O and SI Rev 1948, Vol IX, 154; *Gazette* 1912, Vol I, p1418).

Guatemala

1886——Order in Council directing that the Extradition Acts shall apply in the case of Guatemala (SR & O and SI Rev 1948, Vol IX, 161; *Gazette* 1887, Vol II, p933).

1914 No1323——Order in Council directing that the Extradition Acts shall apply in the case of Guatemala in accordance with a Treaty of 4 July 1885, as amended by a Protocol of 30 May 1914 (SR & O and SI Rev 1948, Vol IX, 168; *Gazette* 1914, Vol II, p4082).

Haiti

1876——Order in Council directing that the Extradition Acts shall apply in the case of Hayti (SR & O and SI Rev 1948, Vol IX, 169).

Hungary

1874——Order in Council directing that the Extradition Act 1870 shall apply in the case of Austria and Hungary (SR & O and SI Rev 1948, Vol IX, 18; *Gazette* 1874, Vol I, p416).

1902 No737——Order in Council directing that the Extradition Acts shall apply in the case of Austria and Hungary (SR & O and

SI Rev 1948, Vol IX, 25; *Gazette* 1902, Vol II, p2633).

1938 No139——The Hungary (Extradition: New Zealand) Order in Council 1938 (SR & O and SI Rev 1948, Vol IX, 180; *Gazette* 1938, Vol I, p902; SR 1940/10).

Iceland

1940 No86——The Iceland (Extradition: New Zealand) Order in Council 1940 (SR & O and SI Rev 1948, Vol IX, 188; SR 1940/69).

Iraq

1934 No925——The Iraq (Extradition: Commonwealth of Australia and New Zealand) Order in Council 1934 (SR & O and SI Rev 1948, Vol IX, 198; *Gazette* 1934, Vol III, p3358).

Italy

1873——Order in Council directing that the Extradition Act 1870 shall apply in the case of the Kingdom of Italy (SR & O and SI Rev 1948, Vol IX, 216; *Gazette* 1873, Vol I, pp445, 507).

Latvia

1925 No1029——The Latvia (Extradition) Order in Council 1925 (SR & O and SI Rev 1948, Vol IX, 222; *Gazette* 1926, Vol I, pp429, 610).

Liberia

1894 No114——Order in Council directing that the Extradition Acts shall apply in the case of the Republic of Liberia (SR & O and SI Rev 1948, Vol IX, 229; *Gazette* 1894, Vol I, p825).

Lithuania

1927 No504——The Lithuania (Extradition) Order in Council 1927 (SR & O and SI Rev 1948, Vol IX, 235; *Gazette* 1927, Vol II, p2537; 1928, Vol II, p2485).

Luxembourg

1881——Order in Council directing that the Extradition Acts shall apply in the case of Luxemburg (SR & O and SI Rev 1948, Vol IX, 242; *Gazette* 1881, Vol I, p863).

Mexico

1889——Order in Council directing that the Extradition Acts shall apply in the case of Mexico (SR & O and SI Rev 1948, Vol IX, 249; *Gazette* 1889, Vol II, p810).

Monaco

1892——Order in Council directing that the Extradition Acts shall apply in the case of Monaco (SR & O and SI Rev 1948, Vol IX, 256; *Gazette* 1892, Vol II, p1215).

Netherlands

1899 No83——Order in Council directing that the Extradition Acts shall apply in the case of the Netherlands (SR & O and SI Rev 1948, Vol IX, 263; *Gazette* 1899, Vol I, p762).

Nicaragua

1906 No382——Order in Council directing that the Extradition Acts shalt apply in the case of the Republic of Nicaragua (SR & O and SI Rev 1948, Vol IX, 273; *Gazette* 1906, Vol II, p2099).

Panama

1907 No648——Order in Council directing that the Extradition Acts shall apply in the case of Panama (SR & O and SI Rev 1948, Vol IX, 280; *Gazette* 1907, Vol II, p3136).

Paraguay

1911 No662——Order in Council directing that the Extradition Acts shall apply in the case of Paraguay (SR & O and SI Rev 1948, Vol IX, 287; *Gazette* 1911, Vol II, p3158).

Peru

1907 No383——Order in Council directing that the Extradition Acts shall apply in the case of Peru (SR & O and SI Rev 1948, Vol IX, 294; *Gazette* 1907, Vol II, p2324).

Poland

1934 No1413——The Poland (Extradition: Commonwealth of Australia and New Zealand) Order in Council 1934 (SR & O and SI Rev 1948, Vol IX, 321; *Gazette* 1935, Vol III, p3365).

Portugal

1894 No102——Order in Council directing that the Extradition Acts shall apply in the case of Portugal (SR & O and SI Rev 1948, Vol IX, 331; *Gazette* 1894, Vol I, p822).

1933 No678——The Portugal (Extradition) Order in Council 1933 (SR & O and SI Rev 1948, Vol IX, 338; *Gazette* 1933, Vol II, p2081; 1933, Vol III, p2484).

Romania

1894 No119——Order in Council directing that the Extradition

Acts shall apply in the case of Roumania (SR & O and SI Rev 1948, Vol IX, 341; *Gazette* 1894, Vol II, p1264).

Russia

1887——Order in Council directing that the Extradition Acts shall apply in the case of Russia (SR & O and SI Rev 1948, Vol IX, 349; *Gazette* 1887, Vol I, p720).

San Marino

1900 No168——Order in Council directing that the Extradition Acts shall apply in the case of San Marino (SR & O and SI Rev 1948, Vol IX, 362; *Gazette* 1900, Vol II, p1302).

Servia

1901 No586——Order in Council directing that the Extradition Acts shall apply in the case of Servia (SR & O and SI Rev 1948, Vol IX, 457; *Gazette* 1901, Vol II, p2036).

Spain

1878——Order in Council directing that the Extradition Acts shall apply in the case of Spain (SR & O and SI Rev 1948, Vol IX, 376; *Gazette* 1879, Vol I, p324).

1889——Order in Council directing that the Extradition Acts shall apply in the case of Spain in accordance with a Treaty of 4 June 1878, as amended by a Declaration of 19 February 1889 (SR & O and SI Rev 1948, Vol IX, 385; *Gazette* 1889, Vol II, pp939, 947).

Switzerland

1881——Order in Council directing that the Extradition Acts

shall apply in the case of Switzerland (SR & O and SI Rev 1948, Vol IX, 393; *Gazette* 1881, Vol I, p412).

1905 No616——Order in Council directing that the Extradition Acts shall apply in the case of Switzerland (SR & O and SI Rev 1948, Vol IX, 404; *Gazette* 1905, Vol II, p1996).

1935 No1249——The Switzerland (Extradition: Commonwealth of Australia and New Zealand) Order in Council 1935 (SR & O and SI Rev 1948, Vol IX, 408; *Gazette* 1936, Vol I, p278).

Thailand

1911 No1151——Order in Council directing that the Extradition Acts shall apply in the case of Siam (SR & O and SI Rev 1948, Vol IX, 370; *Gazette* 1912, Vol I, p193).

Uruguay

1885——Order in Council directing that the Extradition Acts shall apply in the case of Uruguay (SR & O and SI Rev 1948, Vol IX, 447; *Gazette* 1885, Vol I, p724).

1891——Order in Council directing that the Extradition Acts shall apply in the case of Uruguay in accordance with a Treaty of 26 March 1884 as amended by a Protocol of 20 March 1891 (SR & O and SI Rev 1948, Vol IX, 455; *Gazette* 1892, Vol I, p522).

附录 2
停止在新西兰生效的
有关引渡问题的英国议会法令

第 110 条第(2)款

Austria

1935 No847——The Austria (Extradition: Commonwealth of Australia and New Zealand) Order in Council 1935 (SR & O and SI Rev 1948, Vol IX, 29; *Gazette* 1935, Vol III, p2845).

Brazil

1873——Order in Council directing that the Extradition Act 1870 shall apply in the case of Brazil (SR & O and SI Rev 1948, Vol IX, 57; *Gazette* 1874, Vol I, p175).

German Colonies

1895 No58——Order in Council directing that the Extradition Acts shall apply in the case of certain dependencies of Germany (SR & O Rev 1904, Vol V, 107; *Gazette* 1895, Vol I, p772).

Germany

1872——Order in Council directing that the Extradition Act 1870 shall apply in the case of Germany (SR & O and SI Rev 1948, Vol IX, 148; *Gazette* 1872, Vol I, p739; 1920, Vol III, p3059).

附录 3
已修改的法律

第 111 条

Abolition of the Death Penalty Act 1989 (1989 No119)

Amendment(s) incorporated in the Act (s).

Aviation Crimes Act 1972 (1972 No137) (RS Vol23, p213)

Amendment(s) incorporated in the Act (s).

Crimes Amendment Act 1995 (1995 No49)

Amendment(s) incorporated in the Act (s).

Crimes Amendment Act (No3) 1985 (1985 No160)

Amendment(s) incorporated in the Act (s).

Crimes (Internationally Protected Persons and Hostages) Amendment Act 1998 (1998 No36)

Amendment(s) incorporated in the Act (s).

Crimes (Internationally Protected Persons, United Nations and Associated Personnel, and Hostages) Act 1980 (1980 No44)

Amendment (s) incorporated in the Act (s).

Crimes of Torture Act 1989 (1989 No106)

Amendment (s) incorporated in the Act (s).

Criminal Justice Act 1985 (1985 No120)

Amendment (s) incorporated in the Act (s).

District Courts Amendment Act 1998 (1998 No76)

Amendment (s) incorporated in the Act (s).

Imperial Laws Application Act 1988 (1988 No112) (RS Vol30, p1)

Amendment (s) incorporated in the Act (s).

Legal Services Act 1991 (1991 No71)

Amendment (s) incorporated in the Act (s).

Misuse of Drugs Act 1975 (1975 No116) (RS Vol26, p567)

Amendment (s) incorporated in the Act (s).

Misuse of Drugs Amendment Act 1998 (1998 No14)

Amendment (s) incorporated in the Act (s).

Summary Proceedings Act 1957 (1957 No87) (RS Vol9, p583)

Amendment (s) incorporated in the Act (s).

再版说明

1. 总体说明

此为《1999年引渡法》的再度刊印，涵盖本法最后修订前对该法所作全部修改。

2. 法律地位

重新刊印版被假定为再版当日由基本立法颁布的法律以及任何法律修改的准确陈述。《2012年立法法》第18条规定本版，以电子形式发行，具有该法第17条规定的官方版本的法律地位。直接自本官方电子版本生成的印制版同样具有官方版本的法律地位。

3. 编辑及格式变化

依照《2012年立法法》第24至26条授权对再版作出编辑和格式改变。也可以参照 http://www.pco.parliament.govt.nz/editorial-conventions/。

4. 本版纳入的修改

District Court Act 2016 (2016 No49): section 261

Senior Courts Act 2016 (2016 No48): section 183(b)

Extradition Amendment Act 2015 (2015 No101)

Extradition Amendment Act 2013 (2013 No116)

Legislation Act 2012 (2012 No119): section 77(3)

Cultural Property (Protection in Armed Conflict) Act 2012

(2012 No118): section 45

Search and Surveillance Act 2012 (2012 No24): section 240

Criminal Procedure Act 2011 (2011 No81): section 413

Immigration Act 2009 (2009 No51): section 406(1)

Policing Act 2008 (2008 No72): sections 116(a)(ii), (iv), 130(1)

Summary Proceedings Amendment Act (No2) 2008 (2008 No41): section 18

Sentencing Amendment Act 2007 (2007 No27): section 58

Misuse of Drugs Amendment Act 2005 (2005 No81): section 23

Crimes Amendment Act 2005 (2005 No41): section 10 (as amended by Adoption Amendment Act 2011 (2011 No60))

Films, Videos, and Publications Classification Amendment Act 2005 (2005 No2): section 34(2)

Mercenary Activities (Prohibition) Act 2004 (2004 No69): section 22

Visiting Forces Act 2004 (2004 No59): section 26

Corrections Act 2004 (2004 No50): section 206

Criminal Procedure (Mentally Impaired Persons) Act 2003 (2003 No115): section 51

Extradition Amendment Act Commencement Order 2003 (SR 2003/238).

Extradition Amendment Act (No2) 2002 (2002 No64)

Notes Extradition Act 1999

Terrorism Suppression Act 2002 (2002 No34): section 76

Extradition Amendment Act 2002 (2002 No21)

Parole Act 2002 (2002 No10): section 125

Sentencing Act 2002 (2002 No9): section 186

Crimes (Bribery of Foreign Public Officials) Amendment Act 2001 (2001 No28): section 12

Bail Act 2000 (2000 No38): section 74(2)

International Crimes and International Criminal Court Act 2000 (2000 No26): section 184

Interpretation Act 1999 (1999 No85): section 38(1)

图书在版编目(CIP)数据

新西兰引渡法 / 邱陵译 .— 上海 ：上海社会科学院出版社，2020
ISBN 978 - 7 - 5520 - 3354 - 0

Ⅰ.①新… Ⅱ.①邱… Ⅲ.①引渡法—新西兰 Ⅳ.①D961.221.4

中国版本图书馆 CIP 数据核字(2020)第 209501 号

新西兰引渡法

译　　者：邱　陵
责任编辑：陈慧慧
封面设计：黄婧昉
出版发行：上海社会科学院出版社
上海顺昌路 622 号　邮编 200025
电话总机 021 - 63315947　销售热线 021 - 53063735
http://www.sassp.cn　E-mail:sassp@sassp.cn
排　　版：南京展望文化发展有限公司
印　　刷：江苏凤凰数码印务有限公司
开　　本：890 毫米×1240 毫米　1/32
印　　张：4.625
插　　页：1
字　　数：96 千字
版　　次：2020 年 12 月第 1 版　　2021 年 6 月第 2 次印刷

ISBN 978 - 7 - 5520 - 3354 - 0/D · 597　　定价：28.00 元
